DELPHI
bei Droemer Knaur

GAY HENDRICKS · KATE LUDEMAN

Visionäres Management
als Führungskonzept der Zukunft

Wirtschaftlicher Erfolg durch Integrität, Intuition und Spiritualität

Aus dem Amerikanischen von Franchita Cattani

Delphi bei Droemer Knaur

Herausgegeben von Gerhard Riemann

Die Folie des Schutzumschlags sowie die Einschweißfolie
sind PE-Folien und biologisch abbaubar.
Dieses Buch wurde auf chlor- und säurefreiem Papier gedruckt.

Originaltitel: The Corporate Mystic
Originalverlag: Bantam Books, New York

Umschlaggestaltung: Vision Creativ, München
Umschlagfoto: Bildagentur Bavaria, Gauting
DTP-Satz und Herstellung: Barbara Rabus
Druck und Bindearbeiten: Ebner Ulm
Printed in Germany
ISBN 3-426-29010-3

2 4 5 3 1

Für Bob Galvin, ehemaliger Vorsitzender bei Motorola, und Bob Shapiro, Vorsitzender und CEO bei Monsanto

Diese beiden Männer sind bemerkenswerte Vorbilder wegen ihrer beachtlichen Integrität, wagemutigen Visionsfähigkeit und klaren Intuition. Sie sind ein Ansporn für alle, die durch Veränderungen im Unternehmensbereich versuchen, einen Beitrag zum größeren Wohlergehen der Menschen und des Planeten zu leisten, auf dem wir leben.

Arbeit ist sichtbar gewordene Liebe

KHALIL GIBRAN

INHALT

Zweiter Teil

Der ganzheitliche Manager in der Praxis

Beherzte Lösungen für alltägliche Geschäftsprobleme

DANK

Wir sind den nachfolgend genannten Vorbildern, die das Ideal des ganzheitlichen Managers verkörpern und damit das Leben Tausender von Menschen bereichern, sehr zu Dank verpflichtet. Eine vollständige Erwähnung aller bewundernswürdiger Männer und Frauen, die wir befragt, mit denen wir gereist sind oder die uns beraten haben, würde ein ganzes Buch füllen. Deshalb bitten wir Sie um Nachsicht, wenn Ihr Name hier nicht aufgeführt ist. Wir versichern Ihnen, daß wir Ihren Beitrag sehr geschätzt haben.

Larry Boucher, Chief Executive Officer (CEO)*, Auspex
Ron Bynum, Unternehmensberater
Kenneth Casey, President, Professional Investors' Financial Services
Paul und Elizabeth Cotulla, Unternehmer
Stephen R. Covey, Autor und Berater
Carlene Ellis, Vice-President, Intel
George Fisher, Vorsitzender, Eastman Kodak
Bob Galvin, ehemaliger Vorsitzender, Motorola
Chris Galvin, Geschäftsführer, Motorola
Glenn Gienko, Corporate Vice-President, Motorola

* Die höchste Position in einem Unternehmen, üblicherweise auch President der Firma, Mitglied im Board of Directors. Der CEO hat andere Funktionen, Verantwortlichkeiten und einen anderen Status als etwa ein Vorstandsvorsitzender in Deutschland.

Heath Herber, President, The Herber Company
Portia Isaacson, Gründerin, Future Computing
Les Isbrandt, Vice-President, Warner Lambert
Kathryn Johnson, CEO, The Healthcare Forum
Jerry Jones, President, The Jones Corporation
Bill Klimpton, Vorsitzender, Kimpco
Philip Knight, Vorsitzender, Nike
Barbara LaTour, Vice-President, Adia
Kathy Mankin, Executive Vice-President, Heller Financial
Darshan Mayginnes, Gründungsmitglied, Performance Coatings
Ed McCracken, CEO, Silicon Graphics
Richard McNeese, ehemaliger CEO, First National Bancorp
Joyce Russell, Vice-President, Adia
Ken Schroeder, President, KLA Instruments
Bob Shapiro, Vorsitzender und CEO, Monsanto
Gary Tooker, CEO, Motorola
Jack Unroe, President, Judicial Arbitration and Mediation Services
Virginia Weldon, Senior Vice-President, Monsanto
Bill Wiggenhorn, President, Motorola University

Du brauchst einen Ort, eine bestimmte Stunde oder Zeit an jedem Tag, wo du nicht weißt, was an jenem Morgen in der Zeitung stand, nicht weißt, wer deine Freunde sind, nicht weißt, was du anderen schuldest, und nicht weißt, was andere dir schulden.
An einem solchen Ort kannst du einfach nur das erleben und hervorbringen, was du bist und sein kannst.

JOSEPH CAMPBELL

Die Menschen versuchen oft, das Leben verkehrt herum zu leben: Sie versuchen, mehr Dinge oder Geld zu haben, um öfter tun zu können, was sie wollen, damit sie glücklicher sind. Eigentlich ist es genau umgekehrt. Zuerst müssen Sie sein, wer Sie eigentlich sind, dann tun, was Sie tun müssen, um zu haben, was Sie wollen.

MARGARET YOUNG

VORWORT

Mit Herz und Seele bei der Arbeit

In den Unternehmen wimmelt es von ganzheitlichen Managern. Wenn Sie einen wahrhaft ganzheitlich lebenden Menschen suchen, finden Sie ihn eher in einem Sitzungszimmer als in einem Kloster oder einer Kathedrale. Erstaunt Sie das? Wir waren auch überrascht. In den letzten 25 Jahren waren wir in vielen Sitzungszimmern und zahlreichen Kathedralen, und wir haben festgestellt, daß die besten ganzheitlich vorgehenden Menschen – Menschen, die praktizieren, was sie predigen – in der Geschäftswelt zu finden sind. Wir sind inzwischen davon überzeugt, daß die Eigenschaften dieser bemerkenswerten Männer und Frauen und die Grundsätze, nach denen sie leben, sich als die wichtigsten Richtlinien für das Unternehmen des 21. Jahrhunderts herausstellen werden.

Die Arbeit bietet Gelegenheit sowohl zum geistigen und persönlichen als auch zum finanziellen Wachstum. Wenn sie das nicht tut, vergeuden wir viel zuviel Zeit im Leben damit.

JAMES AUTRY

Bei der Vorbereitung zu diesem Buch haben wir tausend Stunden im Gespräch mit einigen hundert ganzheitlichen Topmanagern verbracht. Als Folge davon hat sich unser Leben sowohl in privater als auch geschäftlicher Hinsicht von Grund auf geändert. Hier geben wir Ihnen die praktischen Einzelheiten dessen, was wir von ihnen gelernt haben, weiter, nämlich wie man eine innerlich befriedigende Arbeit so ausführt, daß sie stärkt, heilt und nützt. Wir haben das Gehörte in kurze »Erkenntnisse zur rechten Zeit« gefaßt, auf die Sie sich jederzeit in Ihrem Berufsleben stützen können.

Wir sind Unternehmensberater und zählen auch Kollegen zu unseren Kunden. Nachdem wir in den vergangenen 25 Jahren mit 800 Führungskräften gearbeitet haben, können wir folgendes voraussagen: Erfolgreiche Manager in Unternehmen des 21. Jahrhunderts werden spirituelle Führungskräfte sein. Sie werden sich in ihrer eigenen Geistigkeit wohl fühlen und die spirituelle Entwicklung anderer zu fördern wissen. Die heute erfolgreichsten Führungskräfte kennen diesen Grundsatz bereits. Ganzheitliche Manager wissen, daß ein Unternehmen eine kollektive Verkörperung von Seelen darstellt, nämlich die Summe der einzelnen Seelen aller Mitarbeiter. Wer glaubt, Spiritualität habe keinen Platz im Geschäftsleben, schätzt sich und andere zu niedrig ein.

Was ist Spiritualität? Ein spiritueller Mensch ist nach der allgemeinen Auffassung in esoterisches Geheimwissen eingeweiht und erfaßt das Wahre intuitiv. Die Führungskräfte, die wir ganzheitliche Manager nennen, scheinen sich auf einem Leistungsniveau zu bewegen, das einem völlig esoterisch vorkommt, bis man erfaßt hat, auf welchen Grundsätzen ihre Handlungsweise beruht. Dazu kommt, daß diejenigen ganzheitlichen Manager, die wir kennengelernt haben, eine ausgeprägte Intuition haben und sie einzusetzen wissen, wenn es darauf ankommt. In unserer Definition gehen wir aber noch weiter: Ganzheitliche Manager sind Menschen, die auf dem Boden der Integrität vorgehen, ihre Visionen leidenschaftlich und einfühlsam umsetzen und das volle Potential derer wecken, mit denen sie in Berührung kommen.

Mit Herz und Seele bei der Arbeit

Echte ganzheitliche Manager führen ihr Leben auf einer spirituellen Basis. Es sind Geschäftsleute, denen es dabei um ihr Herz, ihre Seele und um ihre Brieftasche geht. Sie sind im Geschäft, um ihre Mitarbeiter auf der Herzens- und Seelenebene zu unterstützen. Wir haben in vielen verschiedenen Organisationen Beratungsarbeit geleistet und haben daher eine gute Vergleichsbasis für die folgende Aussage: Die »goldene Regel« – nämlich daß man andere so behandeln sollte, wie man von ihnen behandelt werden möchte – wird in der Geschäftswelt sorgfältiger und bewußter angewandt als in irgendeiner anderen unter allen Institutionen, die wir besucht haben, einschließlich Kirchen, Universitäten und der Regierung.

> *Vater schaute einmal die Frauen an einem Fließband an und dachte bei sich: »Sie sind alle wie meine eigene Mutter – sie haben Kinder, ein Zuhause, um das sie sich kümmern müssen, und Menschen, die sie brauchen.« Das spornte ihn an, sich ganz einzusetzen, um ihnen ein besseres Leben zu ermöglichen, weil er in ihnen allen seine Mutter sah. So fängt alles an – mit einer grundsätzlichen Achtung.*
>
> BOB GALVIN
> über seinen Vater,
> den Gründer von Motorola

Viele Menschen haben als Kind einen starken Hang zum Spirituellen, der mit dem Übergang zum Erwachsenwerden langsam nachläßt. Auf Kinderfotos sind wir oft voller Staunen und unbeschwerter Freude. Es sieht aus, als seien wir spirituelle Wesen, die eine körperliche Erfahrung machen. Als Erwachsene sehen wir hingegen häufig ganz anders aus: wie körperliche Wesen, die, wenn überhaupt, allenfalls mit etwas Glück ab und zu eine spirituelle Erfahrung machen. Die Menschen, die wir ganzheitliche Manager nennen, haben es – mit Glück und eigenem Einsatz – geschafft, sich die Verbindung zu ihrem eigenen spirituellen Kern sowie demjenigen anderer Menschen und der Welt, in der wir leben, zu bewahren.

Ein ganzheitlicher Manager, den wir für dieses Buch befragten, erzählte uns folgende Begebenheit: »Ende Dreißig fühlte ich mich wie ein Sterbender. Ich hatte zehn Jahre lang in der Geschäftswelt gearbeitet, und obwohl ich ziemlich erfolgreich gewesen war, wußte ich irgendwie, daß ich es nie bis ganz nach oben schaffen würde. Mein Büro war in der zehnten Etage eines über zwanzigstöckigen Gebäudes, und ich weiß noch, wie ich aus dem Fenster schaute und dachte, daß dies die Etage meines Lebens sei. Ich saß im zehnten Stock fest, auf halber Strecke nach oben. Als ich zum Fenster hinaussah, fragte ich mich, weshalb. Schließlich war ich arbeitsam und schien so intelligent zu sein wie die anderen. Dann wurde es mir schlagartig klar: Ich war gespalten. Außerhalb der Arbeit benahm ich mich auf eine bestimmte Weise, aber bei der Arbeit versuchte ich, ein ganz anderer Mensch zu sein. Außerhalb der Arbeit faszinierte mich das menschliche Verhalten, und ich verbrachte Stunden in den Psychologie-Abteilungen von Buchhandlungen. Bei der Arbeit hingegen gab ich vor, diese rasende Feuerwehr von einem Menschen zu sein, der sich nur auf Zahlen und Leistung konzentrierte. Ich dachte bei mir: Diese Spaltung ist vorbei. Ich bin so, wie ich bin, egal, wo ich bin. Und ich spürte, wie sich tatsächlich etwas in meinem Körper bewegte, als ob ich wieder zusammengesetzt würde. Wenn ich daran zurückdenke, glaube ich, daß ich damals meine beiden Hälften akzeptierte und einen größeren Behälter für mich schuf, um ganz ich sein zu können. Heute versuche ich als CEO jedesmal, wenn ich zu jüngeren Mitarbeitern im Unternehmen spreche, ihnen zu vermitteln, sie sollten ganz und ungespalten sein.« Das ist ein Beispiel für ein geistiges Erwachen, das das Leben und die Laufbahn des Betreffenden nachhaltig beeinflußte.

Wenn wir über Spiritualität im Unternehmen sprechen, meinen wir Erfahrungen, nicht religiöse Glaubenssätze. Unter Religiosität versteht man landläufig eine organisierte Spiritualität, die Regeln, Glaubenssätze und Überlieferungen, die der jeweiligen spirituellen Richtung in der Welt ihre Form verleihen. Der ganzheitliche Manager beweist eine Art von Spiritualität, die sich in Taten statt Worten ausdrückt. Der ganzheitliche Manager ist vor allem an ihrem Nutzen interessiert, nicht an Glaubenssätzen.

Ganzheitliche Manager bewegen sich selbstverständlich zwischen der spirituellen und geschäftlichen Welt hin und her. Sie sind Visionäre, die mit beiden Füßen auf dem Boden stehen. Sie freuen sich an der Einheit aller Dinge, können sich aber gleichzeitig auf Einzelheiten konzentrieren. Sie sehen einen Berggipfel und eine Tabellenkalkulation mit denselben Augen an. Sie behandeln ihren Hausmeister und ihren wichtigsten Kunden mit derselben Haltung.

Nachfolgend finden Sie ein Destillat dessen, was wir selbst unter dem Einfluß der klügsten Männer und Frauen, denen wir je begegnet sind, gelernt haben. Der ganzheitliche Manager ist der Mentor unserer Träume, die Stimme, von der wir uns wünschten, daß sie uns durch die schwierigen Zeiten unseres privaten und beruflichen Lebens geführt hätte.

In der Nähe von Tokio liegt ein Zen-Kloster, wohin viele wichtige Geschäftsführer der nahen Industriestädte strömen. Eines Tages sagte der Meister: »In meinem Kloster ist kein Platz für gefühlsduselige spirituelle Sucher, für Träumer, die ihre schmutzigen Teetassen überall stehenlassen. Hier meditieren wir und waschen unsere Teetassen. Beides ist gleich wichtig. Wir bringen unseren Schülern bei, unerbittlich streng gegen sich und ihre Mitarbeiter zu sein. Erwarten Sie das Beste! Wenn jemand in der oftmals harten Realität der Welt nicht klarkommt, haben seine Meditationen und Übungen nichts genützt. Sie müssen zwei Realitäten beherrschen – sich in jenem weiten inneren Raum erquicken können, in der Leere, die mit aller Leere überall

Mit Herz und Seele bei der Arbeit

verbunden ist, und gleichzeitig Ihre volle Aufmerksamkeit auf den jetzigen Augenblick richten, ob Sie nun eine Fahrkarte für die Eisenbahn lösen, Ihre Frau küssen oder Börsenberichte lesen.«

Wir widmen dieses Buch voller Hochachtung den verborgenen Heiligen und spirituellen ganzheitlichen Unternehmern der Geschäftswelt. Mögen diese Einsichten eine jede Ihrer Stunden beleben und erhellen, bei der Arbeit wie auch beim Spiel.

EINLEITUNG

Wie man ganzheitliche Manager erkennt

Die zwölf Eigenschaften der Führungskräfte des 21. Jahrhunderts

> *Je weniger Mühe Sie aufwenden, desto schneller und stärker sind Sie.*
>
> BRUCE LEE

Ganzheitliche Manager erkennt man an bestimmten Eigenschaften. In dieser Einleitung wollen wir sie so beschreiben, wie sie nach außen zutage treten. Danach wollen wir Ihnen die konkrete Einstellung und spezifische Schritte zeigen, die Ihnen dabei helfen sollen, sich solche Erfolgsstrategien selber anzueignen.

Wir sind davon überzeugt, daß diese Eigenschaften im nächsten Jahrhundert von allerhöchster Wichtigkeit sein werden, wenn alles sich in einem Tempo verändert, das wir uns sogar in unserer schnellebigen Welt kaum vorstellen können. Sie können sich selbst an diesen Eigenschaften, Einstellungen und Handlungsstrategien messen. Stellen Sie fest, wie viele davon Sie bereits heute in Ihrem Leben aufweisen.

Wenn wir diese Züge nun beschreiben, gehen wir davon aus, daß ganzheitliche Manager ganz und gar menschlich und daher voller Unvollkommenheiten sind. Es sind Straßenheilige, Visionäre, die anderen vorangehen und täglich hundertmal Gelegenheit haben, irgendwelche Fehler zu machen. Sie wären wohl die letzten, die behaupten würden, sie hätten die nachfolgend beschriebenen Eigenschaften gemeistert. Aber wir konnten mit unseren eigenen Augen sehen, wie sie alle jeden Tag ihres Lebens diesen Idealen ernstlich nacheifern.

Absolute Ehrlichkeit

Jeder ganzheitliche Manager, den wir befragten, teilte uns dasselbe mit: Das erste Geheimnis zum wirtschaftlichen Erfolg besteht darin, nur Zutreffendes zu sagen und es immer gleich zu tun. Geschäftsleute setzen sich in Wespennester, wenn sie der Bank das eine erzählen, dem Kunden etwas anderes und dem Aufsichtsrat eine dritte Version präsentieren. Wir haben viele gefühlsgeladene Sitzungen geleitet, in deren Verlauf Geschäftsführer anderen gegenüber, die ihnen Glauben geschenkt hatten, Lügen, Verdrehungen und Verheimlichungen zugaben. Auch wenn es in solchen Sitzungen oft laut zuging und sie sich hinzogen, haben wir es noch nie erlebt, daß absolute Ehrlichkeit sich nicht bezahlt gemacht hätte. Menschen können sich in einer Atmosphäre von Verdrehungen und Verheimlichungen nicht entspannen und ihr Bestes geben. Ehrlichkeit fördert das Beste in jedem zutage. Mit anderen Worten: Integrität ist nicht nur ein erhabener Gedanke, sondern ein Werkzeug zum persönlichen Erfolg und demjenigen des Unternehmens.

Ganzheitliche Manager sind auch sich selbst gegenüber ehrlich, um nicht zu sagen: schonungslos ehrlich. Sie wollen die Wahrheit kennen, auch wenn ihnen diese Wahrheit manchmal weh tut. Bei seiner ersten größeren Beratung stand Gay vor der schwierigen Aufgabe, dem President des weltgrößten Unternehmens seiner Branche eine ganze Reihe negativer Mitteilungen machen zu müssen. Nicht nur die Ausgangssituation war schlecht, es ging dabei auch noch um eines der Lieblingsprojekte des President.

Die zwölf Eigenschaften der Führungskräfte des 21. Jahrhunderts

»Ich war damit beauftragt worden, den mutmaßlichen Erfolg des Projektes abzuschätzen, hatte aber statt dessen festgestellt, daß praktisch alles daran faul war«, erinnert er sich. »Ich ging voller Beklemmung und Zaudern in die Sitzung. Schließlich war ich ein frischgebackener Psychologe und kaum dreißig Jahre alt und er ein Multimillionär, der im Weißen Haus ein und aus ging. Ich fürchtete, er würde mich davonjagen, wenn ich ihm meine Schlußfolgerungen mitteilte, aber ich beschloß, die Dinge beim Namen zu nennen. Ich hatte mit der Beschönigung der Wahrheit und deren Folgen schlechte Erfahrungen gemacht und dachte, das Schlimmste, was er mir antun könne, sei wohl, mich zu entlassen. Aber bald merkte ich, daß ich nichts zu befürchten hatte. Als er mir seine Aufmerksamkeit zuwandte, lernte ich den besten Zuhörer meines Lebens kennen. Sein Interesse ließ nicht nach, auch nicht, als ich ihm Dinge zu sagen hatte, die er unmöglich gerne hören wollte. Außerdem schwang nicht der leiseste Tadel in seiner Stimme mit, als er sich dazu äußerte. Als erstes überlegte er sich nach diesen vernichtenden Enthüllungen, ob etwas mit seiner eigenen Intention und Vision nicht stimmte. Das tat er mit derselben vorurteilslos forschenden Haltung, die er den Leuten angedeihen ließ, die an dem Projekt arbeiteten. Seine Haltung drückte in etwa folgendes aus: Was ist eigentlich geschehen? Was läßt sich nun tun? Etwas unternehmen oder es vergessen? Ich hatte erwartet, ich würde in die Mangel genommen oder gar aus meinem Vertrag entlassen. Aber als ich fortging, fühlte ich mich ganz und gar ernst genommen. Zum ersten Mal in meinem Leben wußte ich sicher, daß ich Größe erlebt hatte.«

Wie erweisen Sie Achtung? Durch die Integrität Ihrer Mitteilung. Das mag simpel klingen, aber wir haben herausgefunden, daß die Dinge sich am leichtesten durch Direktheit erreichen lassen. In unserem eigenen Interesse sind wir direkt und behandeln die Leute fair.

BOB GALVIN
Motorola

Fairneß

Der ganzheitliche Manager zeichnet sich durch eine gewissenhafte Fairneß aus. Er tut, was er sagt. Wenn er ankündigt, daß er etwas nicht tut, dann unterläßt er es auch, und zwar mit einer allgemeinen Fairneß und Folgerichtigkeit. Ein großes Kompliment, das ihm oft gemacht wird, lautet: »Pickelhart, aber immer fair.« Alle wollen gerecht behandelt werden, aber viele vergessen das unter Entscheidungsdruck. Die Stärke liegt darin, sich die Frage »Ist es allen Beteiligten gegenüber fair?« sogar mitten in einer Streßsituation noch zu stellen.

Für den ganzheitlichen Manager ist Fairneß mehr als ein moralisches Gebot. Mit anderen Worten: Sie sind nicht deswegen fair, weil sie gerecht sein sollten, sondern weil sie erkennen, daß Gleichheit sich durch das gesamte Universum zieht. Wir sind alle ebenbürtig, wir sind im Kern alle gleich. Wie jemand einmal sagte: »Fairneß ist die Art und Weise, wie alles in der Welt miteinander zusammenhängt. Wenn ich ungerecht bin, störe ich den normalen Lauf der Welt. Wenn ich fair und gerecht bin, nehme ich daran teil, wie die Dinge in der Welt miteinander verwoben werden.«

Als Ken Levy von KLA Instruments sein Unternehmen durch schwierige Zeiten steuerte, eröffnete er eine Sitzung folgendermaßen: »Heute gebe ich eine Gehaltsminderung von zehn Prozent für alle Mitarbeiter bekannt. Weil ich mehr verdiene als die meisten im Unternehmen, streiche ich mein Gehalt um zwanzig Prozent.« Statt wegen ihrer eigenen Einbußen zu meckern, versuchten alle, ihn zu auch nur zehn Prozent zu bewegen. Er blieb dabei, und die Neuigkeit dieses radikal fairen Ansatzes verbreitete sich im Nu im Unternehmen. Statt in den Keller zu gehen, stieg die Arbeitsmoral gewaltig an.

Selbsterkenntnis

Der Mensch wird als lernendes Wesen geboren; in dem Augenblick, in dem wir nicht mehr dazulernen, beginnt das Sterben. Ganzheitliche Manager befassen sich besonders damit, sich selbst kennenzulernen. Sie wissen, daß Geist, Körper und Seele die Werkzeuge sind, mit denen wir zur Tat schreiten, und deshalb schenken sie der Prüfung ihrer Motivationen, vergangenen Erfahrungen und jeweiligen Gefühle besondere Beachtung.

Für ganzheitliche Manager ist Lernen ebenso eine Pflicht, wie anderen zum Lernen zu verhelfen. Dem ganzheitlichen Manager ist eine wißbegierige, staunende Haltung heilig. Er ärgert sich selten so sehr wie über jemanden, der im Recht zu sein behauptet und glaubt, er wüßte auf alles eine Antwort. Wir haben noch keinen wirklich erfolgreichen Menschen getroffen, der nicht täglich etwas Neues über sich selbst gelernt hätte.

> *Es kommt auf das an, was du lernst, wenn du schon alles weißt.*
>
> JOHN WOODEN

Als Berater werden wir häufig von Führungskräften beigezogen, um mit Mitarbeitern zu arbeiten. Ein Vorsitzender stellt uns beispielsweise an, um mit dem President des Unternehmens zusammenzuarbeiten, oder der President engagiert uns, damit wir ein Managerteam beraten. Wir können uns kaum an ein Dutzend Fälle erinnern, in denen Spitzenführungskräfte für sich selbst um unsere Dienste angesucht haben. Aber jedesmal handelte es sich um einen ganz außergewöhnlichen Fall. Unter anderem wurden wir vom Leiter eines Unterhaltungs-Mischkonzerns, einer Frau, die auf dem besten Weg zum Vorstand einer *Fortune*-100-Firma war, dem Vorsitzenden eines 20-Milliarden-Unternehmens und einem High-Tech-Unternehmer, der eben eine neue Firma in Betrieb nahm, beigezogen. Daraus konnten wir folgenden Schluß ziehen:

Wie man ganzheitliche Manager erkennt

Je talentierter jemand ist, desto eher tut er alles menschenmögliche, um zu lernen und sich weiterzuentwickeln, auch wenn er in den Augen der Welt bereits außergewöhnlich erfolgreich ist.

Ganzheitliche Manager lernen sich selbst überwiegend auf drei Arten kennen. Erstens nehmen sie ihre Gefühle wahr und sind sich ihrer bewußt. Auch wenn Geschäftsleute als kontrollierte, emotionslose Menschen gelten – und einige sind es auch –, haben wir festgestellt, daß das nicht auf diejenigen Führungskräfte zutrifft, die wir ganzheitliche Manager nennen. Sie gehen einfach mit ihren Gefühlen um, ohne eine große Sache daraus zu machen. Ganzheitliche Manager verbergen ihre Gefühle nie, auch nicht unangenehme wie Angst, Ärger und Groll. Sie können sie mit derselben Klarheit mitteilen, wie sie die Tageszeit nennen.

Zweitens verstehen sie die Prägung durch die Vergangenheit und laufen daher weniger Gefahr, diesbezüglich blinde Flecken zu haben. Sie zeichnen sich dadurch aus, daß sie den eigenen Lebenslauf mit sämtlichen Begrenzungen und allem Rühmenswerten in- und auswendig kennen, so daß ihre Grenzen sie weder behindern noch Schatten bis in die Gegenwart werfen können.

Drittens sind sie Feedback gegenüber aufgeschlossen, auch wenn es als Kritik geäußert wird. Kate wurde einmal eingeladen, einen Abend lang mit dem CEO Ed McCracken und dem Führungsteam von Silicon Graphics zusammenzuarbeiten. Dieser Firma sind viele Neuerungen zu verdanken, unter anderem viele Spezialeffekte in unzähligen Filmen aus Hollywood, die zu Kassenschlagern wurden. Ed McCrakken, der übrigens auch Meditationsunterricht gab, trifft sich jeden Monat oder alle zwei Monate mit seinem Führungsteam, um einen lehrreichen Abend an vorderster Front zu verbringen. Bei diesem Treffen ging es darum, umfassende

Die zwölf Eigenschaften der Führungskräfte des 21. Jahrhunderts

Rückmeldungen von Leuten in der jeweiligen Umgebung zu bekommen.

Kate erzählte: »Ich verteilte farbige Blätter, je eine Farbe pro Person. Dann forderte ich die Teilnehmer auf, einen Bereich auszuwählen, in dem sie selbst und andere Anwesende sich verbessern könnten. Alle Teilnehmer schrieben ihren jeweiligen verbesserungswürdigen Bereich auf ein farbiges Blatt Papier, und die anderen verwendeten dieselbe Farbe, um ein Gebiet zu benennen, in dem sie Verbesserungen bei diesem Teilnehmer für notwendig hielten. Damit gab jeder sich selbst und anderen ein Feedback und erhielt Rückmeldung von den anderen. Es war für alle Beteiligten ein lehrreicher Abend, aber an zweierlei kann ich mich besonders gut erinnern. Erstens wählten fast alle für sich solche Bereiche als verbesserungswürdig aus, den die anderen bereits als Stärke einschätzten. Sie selbst waren sich gegenüber also strenger, als es die anderen mit ihnen waren. Zweitens waren alle auf Feedback erpicht! Und niemand nahm den ganzen Abend über auch nur die geringste Abwehrhaltung ein. Ich hatte diese Übung schon mit Gruppen des mittleren Managements in anderen Unternehmen durchgeführt und war dort auf sehr viel Gereiztheit, Herabsetzungen und eine allgemein defensive Haltung gestoßen. Aber bei Silicon Graphics herrschte eine Unternehmenskultur, in der persönliche Weiterentwicklung besonders groß geschrieben wurde. Es war erfreulich, einen Raum voller Führungskräfte zu erleben, die alle so intensiv nach Selbsterkenntnis strebten.«

Was zählt, ist der Beitrag

Nach landläufiger Meinung sind Führungskräfte in der Wirtschaft macht- und geldgierig, aber nur sehr selten haben wir Spitzenführungsleute kennengelernt, die durch Gier motiviert waren. Die meisten sorgten sich sehr um das Wohlbefinden anderer und darum, ihnen Vollmachten zu übertragen. Und zu ihren wichtigsten Bestrebungen gehörte der eigene Beitrag.

In den Anfängen seiner Arbeit in der Führungskräfteentwicklung hatte Gay einen Kunden, den die wechselhaften Winde der Unternehmenspolitik entwurzelt hatten. Gay erinnert sich: »Ich fragte ihn geradeheraus, weshalb er sich nicht gleich jetzt zur Ruhe setze, da er über fünfzig war. ›Schließlich‹, sagte ich, ›haben Sie genug Geld für den Rest Ihres Lebens. Sie könnten Golf spielen, das Zusammensein mit Ihren Enkeln genießen und Ihrer Frau mehr Aufmerksamkeit widmen. Was würde Ihnen fehlen, das es wert wäre, sich wieder ins Getümmel zu begeben?‹ Er schaute mich völlig verständnislos an. *›Der Beitrag‹*, erklärte er, als zeige er einem Kind, wie eine Uhr funktioniert. ›Wenn ich mich zur Ruhe setze, möchte ich ganz sicher sein, daß ich meinen vollen Beitrag geleistet habe. Ich bin noch nicht soweit.‹

Da wurde mir klar, daß ich vorher nie ganz begriffen hatte, weshalb Menschen arbeiten. Sie arbeiten um ihres Beitrags willen, wegen der Gelegenheit zu dienen. Letzten Endes arbeiten sie um der Liebe willen. Mir war, als blicke ich direkt in seine Seele, bis in seine innersten und erhabensten Beweggründe. Dieses Gespräch ermöglichte es mir, mich mehr auf meine eigene innere Verpflichtung hinsichtlich meines Beitrags zu besinnen.«

Eine undogmatische Spiritualität

Die eben beschriebenen vier Eigenschaften – Ehrlichkeit, Fairneß, Verpflichtung zur Selbsterkenntnis und die Konzentration auf den eigenen Beitrag – sind an und für sich bereits die Basis einer ewigen, universellen Spiritualität.

Die zwölf Eigenschaften der Führungskräfte des 21. Jahrhunderts

Ganzheitliche Manager reagieren häufig allergisch auf Dogmen und halten sich gern von den strukturierteren Formen der Religion fern. Vielmehr versuchen sie, aus der universellen spirituellen Quelle zu leben, die den unterschiedlichen Glaubensrichtungen zugrunde liegt. Bob Galvin sagte einmal, es sei wichtig, daß Geschäftsleute sich von der Theologie und potentiell trennenden spirituellen Überzeugungen fernhielten und sich statt dessen auf den verbindenden Nutzen der geistigen Übung konzentrierten.

Der ganzheitliche Manager drückt Spiritualität vor allem durch Taten und nicht durch Worte aus. Er kann hinter der jeweiligen Eigenart die universellen Verbindungen zwischen allem erkennen. Diese Fähigkeit, über Unterschiede hinaus zum Wesenskern vorzustoßen, gibt ihm den Freiraum, in dem er sich darauf konzentrieren kann, die Spiritualität in die Tat umzusetzen.

> *Spiritualität kann unmöglich etwas sein, womit jemand in einem engen Bereich seines Lebens herumspielt. Sie muß im Kern sein, und zwar so, daß sie sich auf alle anderen Lebensbereiche auswirkt.*
>
> STEPHEN COVEY

> *Es ist nicht mein Ziel, einen spirituellen Teil in meinem Leben zu haben, der vom Rest getrennt existiert.*
>
> ED McCRACKEN
> CEO von Silicon Graphics

Weniger tun – mehr erreichen

Der Geschäftsführer eines Unternehmens an der Westküste beschrieb seinen ersten Vormittag als Assistent seines Mentors vor vielen Jahren folgendermaßen: »Er hatte eine Wohnung im Hauptsitz des Unternehmens, und dort sollte ich ihn an jenem ersten Morgen treffen. Um sieben Uhr früh öffnete er mir die Tür, begrüßte mich und nahm mich mit in sein Büro. Eine Stunde später entschuldigte ich mich, um zur Toilette zu gehen. Dort stand ich einfach nur völlig aufgelöst da und versuchte, meine Fassung wiederzuerlangen. Er hatte in einer Stunde mehr erledigt, als ich je in zwei Wochen ge-

Wie man ganzheitliche Manager erkennt

schafft hatte! Und dabei tat er das alles mühelos. Eines löste einfach das andere ab. Es sah überhaupt nicht aus, als ob er arbeitete. Er richtete seine Aufmerksamkeit auf das, was er gerade tat, und ging dann mit derselben Aufmerksamkeit zum nächsten über. Es war bemerkenswert, jemanden so in der Gegenwart angesiedelt zu sehen. Ich fühlte mich wie ein Lastwagen mit Anhänger, der hinter einem Ferrari herpustete. Da schwor ich mir an Ort und Stelle: Wenn ich je zu hart arbeitete oder den Eindruck des Überbeschäftigten machte, wäre es für mich ein Zeichen, daß ich nicht richtig arbeitete.«

Mann: Ich bin ein hart arbeitender Geschäftsmann. Wenn ich meditieren lerne, verliere ich dann meinen Elan?
Zen-Meister: Nein, nein. Sie werden einfach ein leicht arbeitender Geschäftsmann werden. Wer hat je behauptet, Arbeit solle hart sein?

Weniger tun und mehr erledigen ist ein Glaubenssatz und eine Grundhaltung ganzheitlicher Manager. Sie widmen dem Erlernen der Kunst, in der Gegenwart zu sein, sehr viel Aufmerksamkeit, weil sie erkannt haben, daß die Zeit sich nur von diesem Punkt aus »ausdehnen« läßt. Wenn Sie in der Gegenwart sind – weder der Vergangenheit nachtrauern noch sich um die Zukunft sorgen –, wird die Zeit grundsätzlich »dehnbar«. Haben Vergangenheit oder Zukunft Sie im Griff, bleibt Ihnen nie genug Zeit, weil Sie versuchen, gleichzeitig an zwei Orten zu sein. Sind Sie in der Gegenwart, in Gedanken aber anderswo, führt das zu einer grundsätzlichen Spaltung und zu Druck und Anspannung. Nur wenn man sich in die Gegenwart holt, kann man die Zeit beherrschen. Ganzheitliche

> *Bewege dich wie ein Lichtstrahl,*
> *fliege wie der Blitz,*
> *schlage ein wie der Donner,*
> *ziehe kreisende Wirbel um eine feste Mitte.*
>
> MORIHEI UESHIBA

Manager gehen ihrem Zeitempfinden sorgfältig nach. Sofern sich ein Zeitdruck bemerkbar macht, sehen sie dies als Rückmeldung dafür an, daß sie nicht in der Gegenwart sind.

Die zwölf Eigenschaften der Führungskräfte des 21. Jahrhunderts

Das Beste aus sich und anderen herausholen

In den meisten spirituellen Überlieferungen ist von einem leeren Raum in unserem Wesenskern die Rede, den man auch Seele, Geist oder Essenz nennen kann. Manche bezeichnen ihn als das höhere Selbst. Er stellt das dar, was wir im Grunde eigentlich sind. Ganzheitliche Manager wissen, wie sie sich auf diesen Wesenskern in sich und ihren Mitarbeitern ausrichten und ihn verläßlich zum Vorschein bringen können.

In jedem Augenblick wählst du dich selbst, aber wählst du auch dein Selbst? Körper und Seele bergen tausend Möglichkeiten, aus denen du viele »Ichs« herstellen kannst. Aber nur in einem davon herrscht Übereinstimmung zwischen dem Wähler und dem Gewählten, in einem einzigen. Du findest es nicht, bis du nicht alle oberflächlichen Gefühle und Seins- und Handlungsmöglichkeiten ausgeschlossen hast, mit denen du aus Neugier, Staunen oder Angst spielst und die dich daran hindern, dich in der Erfahrung des Lebensgeheimnisses zu verankern und im Bewußtsein des Talents, das dir anvertraut ist, dem Wunder, das du bist und das in Wirklichkeit dein »Ich« ist.

DAG HAMMARSKJÖLD

Der Wesenskern unterscheidet sich von der Persona. Die Persona – der lateinische Begriff für »Maske« – ist die Rolle, die wir spielen, um in der Welt zu überleben. Vielleicht haben Sie die Persona des »Friedensstifters« oder des »Herrschers« übernommen, um in Ihrer Familie zu überleben, und vielleicht spielen Sie diesen Part auch heute noch an Ihrem Arbeitsplatz. Ganzheitliche Manager wissen, daß wir alle unseren Wesenskern mit einer Persona umgeben haben, aber sie erkennen auch, daß dieser Rollenaspekt nicht unsere ganze oder wahre Persönlichkeit ausmacht. Sie wissen, daß sich unter der lärmenden Fassade des zähen Superverkäufers

Wie man ganzheitliche Manager erkennt

möglicherweise ein verängstigter kleiner Junge verbirgt. Aber auch der Junge ist eine Rolle, und beide verdecken das wahre Selbst dieses Menschen, das hinter allen Masken liegt. Das wahre Selbst zeichnet sich oft durch Staunen, Neugier und die Bereitschaft zur Resonanz auf andere aus, Eigenschaften, die beim Erwachsenwerden häufig in den Hintergrund rücken. Wenn wir uns ganz mit unserem Wesenskern gleichsetzen, sind wir überall zu Hause.

Ganzheitliche Manager entwickeln eine Art doppelter Sicht, die es ihnen ermöglicht, gleichzeitig die Maske und den Wesenskern des Menschen dahinter zu sehen.

Diese Fähigkeit ist im Umgang mit schwierigen Zeitgenossen außerordentlich nützlich. Weil ganzheitliche Manager den Wesenskern eines Menschen wahrnehmen und achten, können sie beispielsweise sagen: »Du bist manchmal ein ganz übler Kerl, Harry«, und was gemeint ist, kommt an. Ohne Achtung vor Harrys Wesenskern würde eine solche Bemerkung Widerstand auslösen. Kate erinnert sich an eine Sternstunde während einer Führungskräftefortbildung mit Linda Smith, Senior Vice-President eines multinationalen Unternehmens: »Ohne es im geringsten böse zu meinen, nannte ich sie ein ›politisches Dummerchen‹. Sie mußte über diese Bezeichnung derart lachen, daß ihr die Tränen über die Wangen liefen. Ich glaube, ich konnte mir so etwas nur erlauben, weil ich ihren Wesenskern – ihr reines Wesen – so deutlich sah und weil sie ihn so genau kannte. Daß sie einen solchen Kommentar von jemandem bekam, der in ihr tiefstes Wesen blickte, löste eine bemerkenswerte Verhaltensänderung in Richtung vermehrten politischen Gespürs bei ihr aus.«

Es ist ebenso wichtig, Leute hinsichtlich ihrer Persona herauszufordern, wie ihren wahren Wesenskern zu lieben und zu achten. In der Geschäftswelt kann es gefährlich sein, die

Persona seines Gegenübers zu ignorieren. Wenn einem wirklich etwas an Menschen liegt, muß man sie sehen, wie sie sind, und nicht unbekümmert möglicherweise fatale Fehler ignorieren.

Aufgeschlossenheit für Veränderungen

Ganzheitliche Manager respektieren – um nicht zu sagen lieben – Veränderungen mit jeder Faser ihres Herzens. Sie wissen, daß sich alles in ständigem Wandel befindet – so funktioniert das Leben in dieser Ecke des Universums. Wie es einer von ihnen ausdrückte: Alles im Universum unterliegt dem Wandel, und alles geschieht genau zur rechten Zeit. Manchmal gefällt ihnen vielleicht die Richtung der Veränderung nicht besonders, aber sie achten darauf, daß solche Empfindungen ihre Reaktionsfähigkeit nicht einschränken.

Zu den wichtigsten Gaben, die sich ganzheitliche Manager aneignen, gehört die Fähigkeit, nicht immer recht haben zu wollen. Das Verhaftetsein in der eigenen Sicht der Dinge ist für viele das alles entscheidende Problem, weil es sie gegenüber der Tatsache blind macht, daß Veränderungen notwendig sind. Im Laufe unserer Arbeit mit über 800 Führungskräften haben wir 12 000 ihrer Mitarbeiter aufgefordert, Fragebogen auszufüllen und anzugeben, wie sie die Arbeitsweise ihrer Kollegen beurteilten. Eine Frage lautete, ob die Führungskraft bereit sei, von einer Verliererposition oder aussichtslosen Zielen zurückzutreten. Die Antworten deuten darauf hin, daß etwa fünfzig Prozent der Führungskräfte damit Probleme haben.

> *Je nachdem, wie die Lage es erfordert,*
> *sollst du so hart sein wie ein Diamant,*
> *so biegsam wie eine Weide,*
> *so weich dahinfließen wie das Wasser*
> *oder so leer sein wie der Raum.*
>
> MORIHEI UESHIBA

Wie man ganzheitliche Manager erkennt

Gay hat jahrelang mit Rohstoff- und Börsenindexfutures gehandelt. Er hat auf die harte Tour gelernt, was Loslassen heißt.

»Wenn ich einen Vertrag über tausend Barrel Öl zu 20 Dollar pro Barrel kaufe, nehme ich mit gutem Grund an, daß es steigt. Sinkt es eine Stunde nach meinem Kauf auf 18 Dollar, bin ich in einem Dilemma. Soll ich den Vertrag jetzt wieder verkaufen und 2000 Dollar verlieren oder daran festhalten und hoffen, daß es wieder steigt? Wenn ich es behalte, könnte es noch weiter sinken. Diese Nervenprobe hält viele vom Spiel ab, aber ich habe es genießen gelernt. Es läuft darauf hinaus, daß man zugibt, sich getäuscht zu haben. Der Gewinner sagt: ›Na schön, ich habe mich getäuscht. Es sinkt. Ich ziehe mich zurück, akzeptiere meinen Verlust und verkaufe vielleicht lieber einen Vertrag, statt einen zu kaufen.‹ Mit anderen Worten gehen Gewinner mit dem Spiel mit. Verlierer sagen: ›Ich weiß verdammt noch mal, daß ich recht habe, auch wenn der Markt anders aussieht. Ich bleibe noch ein wenig dabei, und dann wird er mir bestimmt recht geben.‹ Diese Einstellung hat schon zu kolossalen Debakeln geführt.«

Als Coca-Cola vor einigen Jahren die Formel des Hauptprodukts änderte, gab es ein lautes Geschrei seitens treuer Kunden, die den traditionellen Geschmack mochten. Offenbar wollten einige Führungskräfte bei der neuen Rezeptur bleiben und den Aufruhr durchstehen. Aber einige hatten eine andere Richtung eingeschlagen und beschlossen »mitzugehen« – sie stimmten dafür, wieder mit der alten Formel zu arbeiten. Sie waren schließlich in der Überzahl, was darauf schließen läßt, daß das Unternehmen lieber auf seine Kunden hören – und damit seine Geschäftsgrundlage sichern – als recht haben wollte. Ganzheitliche Manager lernen, mit Veränderungen mitzugehen und sogar daran zu wachsen.

Nichtganzheitliche Manager werden bei Veränderungen seekrank und versuchen vorzugeben, immer noch an Land zu sein.

Die zwölf Eigenschaften der Führungskräfte des 21. Jahrhunderts

Ein ganz spezieller Humor

Ganzheitliche Manager lachen viel. Sie haben einen Blick für die Schrullen des Lebens und der Spezies Mensch, und sie schließen sich selbst schnell einmal in Späße mit ein. Sie können über sich lachen und tun das, weil sie eine grundlegende Dualität in sich vereinen: die Heiligkeit des Lebens – und dessen zuweilen völlige Absurdität. Kate, die Dutzende von Unternehmenskulturen untersucht hat, meint dazu: »Den besten Hinweis darauf, wie gesund ein Team oder ein Unternehmen ist, liefert das dort vorherrschende Ausmaß an Humor.«
In den 25 Jahren, die wir mit Unternehmensführungskräften verbrachten, haben wir selten grausame, demütigende oder spöttische Witze oder Bemerkungen zu hören bekommen. Das ist an sich schon bemerkenswert, aber es erlaubt auch eine Einsicht in den Standpunkt des ganzheitliche Managers: Wir hängen alle mit drin – lachen wir uns gemeinsam aus der Klemme, in der wir stecken.

Klare Weitsicht und ein Blick für das Aktuelle

Ganzheitliche Manager haben die Gabe, Menschen in ihre großen Zukunftsträume mit einzubeziehen. Sie können sich in eine Zukunft versetzen, die nicht existiert, und in Einzelheiten beschreiben, wie man dorthin gelangt. (Wie das genau vor sich geht, erzählen wir Ihnen in einem späteren Kapitel.) Gleichzeitig sehen sie die gerade vor ihnen liegenden Fakten ganz genau. Viele Menschen haben einen Sinn

Wie man ganzheitliche Manager erkennt

für die handfesten Realitäten des Augenblicks. Sie können die Dinge sehen, wie sie sind, ohne mit der Wimper zu zukken. Am anderen Ende des Spektrums sind diejenigen, die ferne Möglichkeiten am Horizont erkennen. Aber oft kommen diese beiden Gaben – eine klare Weitsicht und ein ebenso scharfer Blick für das Nächstliegende – nicht gleichzeitig vor. Bei ganzheitlichen Managern schon. Eine ihrer hervorragenden Eigenschaften ist die Leichtigkeit im Umgang mit dieser zweifachen Sicht.

Dazu gehört auch die Fähigkeit, Getrenntes zu sehen und gleichzeitig, wie alles miteinander verwoben ist. Spitzenunternehmer haben ein Gefühl für die Ganzheit einer Organisation, der darin arbeitenden Menschen, und für den Zusammenhang des Ganzen. Entscheidungen, die aus einer solchen holistischen Sicht getroffen werden, haben meistens Hand und Fuß und sind außerdem gerecht. Wir haben beispielsweise beobachtet, daß die Führungskräfte eines Unternehmens mehr ökologisches Bewußtsein haben, als man auf den ersten Blick annimmt. In Zeitungsberichten etwa über die Holzindustrie wird gerne die »Profitmentalität« von Unternehmern der »natürlichen« Besorgnis von Öko-Aktivisten gegenübergestellt. Aber wie die meisten groben Verallgemeinerungen wird auch diese den Tatsachen nicht gerecht. Im Gegensatz zur weitverbreiteten Meinung sorgen sich Unternehmensführer meistens sehr um das große Ganze. Nur gehört für sie zusätzlich zu den Umweltaspekten, denen die Unternehmensinteressen möglicherweise zuwiderlaufen, auch die Sorge um die Familien der Mitarbeiter im Unternehmen dazu.

Der Leiter einer Kommunikationsfirma in den Rocky Mountains erinnerte sich an das erste Mal, als er dieser Eigenschaft begegnete: »In der Mittelschule hatte unser Footballteam einen ausgezeichneten Mann namens Ford zum Coach.

Manchmal rief er mich zu sich und gab mir ein paar persönliche Ratschläge. Und während er mit mir redete, glitten seine Augen die ganze Zeit über den Platz, wo das übrige Team gerade übte. Er besaß die Fähigkeit, mit einem einzelnen ein vertieftes Gespräch zu führen und gleichzeitig das Ganze im Blickfeld zu behalten. Ich hätte es damals nicht in Worte fassen können, aber dort habe ich von ihm gelernt, gleichzeitig ganz in der Gegenwart und in meinen Zukunftsvisionen zu sein.«

Im Laufe eines Gesprächs für dieses Buch bei einem Mittagessen unterbrach Bob Galvin die Darlegung seiner Vision des Wirtschaftslebens im 21. Jahrhundert, um auf etwas aufmerksam zu machen, was uns entgangen war. Der Kellner deckte in einem anderen Teil des Restaurants die Tische für das Abendessen, und daß wir (viel zu lange) sitzen geblieben waren, behinderte ihn bei seiner Arbeit. Das ist ein Beispiel für die doppelte Sicht des ganzheitlichen Managers: sich gleichzeitig mit einer Zukunftsvision zu befassen und darauf zu achten, daß jemandem in diesem Augenblick das Leben erleichtert wird.

Der ganzheitliche Manager überträgt diese Achtung in andere Dimensionen. Er entwickelt die Gabe, gleichzeitig in mehreren »Zeitzonen« zu leben, wobei Vergangenheit, Gegenwart und Zukunft dieselbe Beachtung zukommt. Es ist wie ein beweglicher Ansatz dem Leben gegenüber, in dem Vergangenheit, Gegenwart und Zukunft in einer Gleichung integriert werden und das Augenmerk darauf liegt, was unter dem Strich dabei herauskommt. Wer zu weit in die Zukunft geht, unterschätzt oft die nötige Zeit und die nötigen Mittel für den Weg dorthin. Wer in der Vergangenheit feststeckt, kann nicht effektiv mit der Gegenwart oder Zukunft umgehen. Man muß die gegenwärtige Situation klar erfassen, die Vergangenheit beachten und ein Gefühl für die Zu-

Wie man ganzheitliche Manager erkennt

kunft haben, um in diesem Zeitalter der umwälzenden und rasant schnellen Veränderungen effektiv zu arbeiten.
Ganzheitliche Manager beziehen andere in ihre Zukunftsvision des Machbaren mit ein und reißen sie mit, obschon diese Visionen zunächst wie »unmögliche Träume« erscheinen mögen. John F. Kennedy erwähnte bei seiner Antrittsrede 1961 nicht nur den vermeintlich unmöglichen Traum, einen Mann auf den Mond zu schicken, er schien auch mühelos alle übrigen darin einzubeziehen. Einige wenige fanden, es sei eine idiotische und teure Idee, aber fast alle anderen zogen mit. Diese Leistung ist ein klassisches Beispiel eines ganzheitlichen Managers am Werk.

Außerordentliche Selbstdisziplin

Ganzheitliche Manager sind sehr diszipliniert, aber es ist eine Disziplin, die in Leidenschaft wurzelt. Gewöhnlich handelt es sich bei ihnen nicht um eine autoritäre Selbstzucht, die aus Angst eingehalten wird. Sie motivieren sich selbst mit einer klaren Zielgerichtetheit, nicht mit »man sollte« oder »man müßte«, um einem Phantasieideal nachzueifern. Eine solche Haltung macht sie flexibel und anpassungsfähig statt starr.
Ganzheitliche Manager sind leidenschaftliche Menschen. Selbstverständlich spielen sie mit, um zu gewinnen, aber was viel wichtiger ist: Sie spielen um des Spieles willen. Wir hatten Gelegenheit, mit vielen von ihnen vom Sitzungszimmer auf den Golfplatz und zum Abendessen in der Familie zu gehen; dabei beeindruckte uns ihre Fähigkeit, in jeder Lage leidenschaftlich ganz dabeizusein, tief. Ken Casey, der Boß der Professional Investors' Financial Services, nimmt wohl von allen, die wir je kennengelernt haben, am leidenschaftlichsten am Leben teil.
Ken berichtete: »Ich habe mich Anfang Vierzig zurückgezo-

gen und dachte, nun würde ich jede Menge Zeit haben, mit meinem Hund den Strand entlangzulaufen. Nachdem ich zwei oder drei Tage lang mit meinem Hund den Strand abgelaufen war, setzte ich mich hin, um auszuruhen, und fragte mich: Ist das alles? Es wurde mir klar, daß ich meine frühere Tätigkeit sehr gemocht hatte, also ging ich zurück und übernahm wieder die Führung.«

Die zwölf Eigenschaften der Führungskräfte des 21. Jahrhunderts

Aber das ist nicht alles. Als wir ihn näher kennenlernten, erfuhren wir, daß er auch sehr viel Zeit damit verbringt, Geld für ein Heim für mißbrauchte Kinder aufzutreiben. Dann hörten wir, er singe auch in einem Opernchor mit. Außerdem entdeckten wir, daß er zu den besten Wildwassersportlern der Welt gehört. Zu seinen letzten Errungenschaften gehört die Erschließung des oberen Sambesi mit dem Floß, und bei dieser Jungfernfahrt wurde sein Team sechzig- bis siebzigmal von Krokodilen angegriffen. Darüber hinaus ist er ein Weltklassefußballer. Er ist offensichtlich ein Mann, der sich in jedem Lebensbereich mit Leidenschaft einbringt. Mit Leidenschaft spielen erfordert Disziplin. Es gibt keine andere Möglichkeit, die nie versiegende Energiequelle in Gang zu halten, von der die Leidenschaft zehrt. Man setzt sich hohe Maßstäbe und hält sich daran. Seinen Verpflichtungen sich selbst und anderen gegenüber nachzukommen erzeugt das hohe Ausmaß an Energie, das für ein erfolgreiches Leben erforderlich ist.

> *Ein Lebenswerk zu schaffen ist das, was die eigentliche Verlockung ausmacht.*
>
> PABLO PICASSO

Gleichgewicht

Ganzheitliche Manager achten sehr genau auf das Gleichgewicht zwischen vier Hauptbereichen im Leben: Intimität (einschließlich Ehe, Familie und enger Freundschaften), Ar-

Wie man ganzheitliche Manager erkennt

beit, Spiritualität und Gemeinschaft (im gesellschaftlichen und politischen Leben). Gewöhnlich ergeben sich Probleme in der Balance von Intimität und Arbeit. Wir haben einen Großteil unserer Beratungszeit dazu aufgewendet, vielbeschäftigten Menschen zu helfen, ein harmonischeres Verhältnis zwischen Arbeit und Zuhause herzustellen.

Ganzheitliche Manager streben nach Gleichgewicht in allen Kernbereichen des Daseins. Bei vielen gerät alles durcheinander, weil sie versuchen, ihre häuslichen Bedürfnisse bei der Arbeit zu befriedigen – und umgekehrt. Wenn jemand darunter leidet, daß er nicht weiß, wie er mit seinen Kindern umgehen soll, wird er zu einem hitzigen Störenfried bei der Kommunikation am Arbeitsplatz. Ein anderer geht abends mit so vielen unverdauten beruflichen Problemen nach Hause, daß niemand in der Familie an ihn herankommt. Wenn ein solches Problem nicht behoben wird, dreht sich der Teufelskreis spiralförmig nach unten. Man verbringt immer mehr Zeit an der Arbeit, um häuslichen Problemen zu entgehen, was diese wiederum nur verstärkt und erneut dazu führt, daß man sich noch mehr in die Arbeit zurückzieht.

»Meister«, sagte der Schüler, »woher beziehen Sie Ihre geistige Stärke?«
»Aus der Verbindung mit dem Ursprung«, sagte der Meister.
»Stehen Sie mit dem Ursprung des Zen in Verbindung?«
»Es geht noch weiter«, sagte der Meister, »ich bin Zen. Die Verbindung ist vollkommen.«
»Aber ist es nicht anmaßend, zu behaupten, man sei mit dem Ursprung verbunden?« fragte der Schüler.
»Keineswegs«, sagte der Meister. »Es ist arrogant, zu sagen, man stehe nicht mit dem Ursprung in Verbindung. Alles hängt zusammen. Wenn Sie denken, Sie seien nicht mit dem Ursprung verbunden, zeigen Sie dem All selbst eine lange Nase.«

Stephen Covey ist einer der wenigen, die immer wieder betonen, welche Bedeutung Gleichgewicht für wirklichen Erfolg hat. Daß seine Bücher und Seminare so beliebt sind, zeigt, wie groß der Wunsch nach Gleichgewicht in der Geschäftswelt ist. Als Berater haben wir es oft mit den negativen Resultaten einer Lebensführung zu tun, die aus dem Gleichgewicht geraten ist: Probleme mit den Kindern, Belastungen in der Ehe und psychosomatische Krankheiten. Zum Teil sind solche Schwierigkeiten die Folge einer schlechten Zeiteinteilung, aber der eigentliche, tiefere Grund ist in einem fehlenden Streben nach Gleichgewicht zu suchen. Gefühl und Intellekt, Zuhause und Arbeit, Zukunft und Gegenwart: Sie alle können eine tiefgreifende Trennung und Spaltungen in uns verursachen, die mitunter sogar zerstörerisch sind. Aber mit der richtigen Einstellung und einiger Übung können sie auch zur Einheit führen, wenn wir die Ganzheit in uns selbst wiederhergestellt haben. Das ist der Boden, auf dem der ganzheitliche Manager vorangeht, nicht ohne zu wanken, aber fest entschlossen und mit Leidenschaft.

ERSTER TEIL

Der ganzheitliche Manager als Führungskraft

Zum Ursprung werden

Wenn Sie langsam in Ihrem Betrieb zu einer Quelle der Integrität, Vision und Intuition werden, übernehmen Sie eine Führungsrolle, an welchem Platz Sie auch sein mögen. Viele warten darauf, daß man ihnen sagt oder sie daran erinnert, diese Kräfte voll für sich zu beanspruchen. Der ganzheitliche Manager weiß, daß echte Macht und wirklicher Spaß daher rühren, eine Quelle zu sein. Wenn Sie der Ursprung sind, übernehmen Sie die volle Verantwortung für die Gestaltung der Unternehmenskultur, die Sie anstreben. Jeder kann eine Quelle sein, und wenn er es glaubt, ist er es.

> *Führen bedeutet dorthin gehen, wohin noch niemand gegangen ist.*
>
> BOB GALVIN
> Motorola

Wenn Sie bereit sind, Ihren Widerstand dagegen aufzugeben, ein Ausgangspunkt zu sein, beanspruchen Sie eine innere Macht für sich, die andere spüren.

Führungskräften ist es wohl dabei, Ursprung der Integrität, Vision und Intuition für andere zu sein. Sie versuchen, diese drei seltenen »Waren« zu produzieren, statt sie zu konsumieren. Aber inspirierte Manager haben noch etwas darüber hinaus. Sie bauen darauf, daß alle anderen ebenfalls diese Fähigkeit erwerben. Mit anderen Worten: Sie streben danach, eine Quelle der Quellen zu sein. Das hebt sie über das

Der ganzheitliche Manager als Führungskraft: Zum Ursprung werden

Machtspiel hinaus. Wenn Sie sich zum Urheber von etwas machen, den Leuten um Sie herum aber die Macht nehmen, sollten Sie achtgeben. Das mag sich zwar gut anfühlen, aber der Preis dafür ist immens. Sie riskieren damit, Vater oder Mutter für Menschen zu spielen, die immer noch jemanden suchen, der für sie sorgt – auch in Sitzungssälen.

Stellen Sie sich vor, alle Mitarbeiter in Ihrer Firma würden darin geschult, Quellen der Integrität zu sein. In einem Arbeitsklima, in dem sich jeder mit dem Ursprung der Redlichkeit verbunden fühlt, würden täglich »Wunder« geschehen. Die gesamte Energie, die gewöhnlich damit vergeudet wird, Verstöße gegen die Redlichkeit zu beheben, könnte der Kreativität zugute kommen.

Dasselbe gilt für Vision und Intuition. Wie stark wäre ein Betrieb, in dem jeder zum Visionär aufgerufen ist. In unseren Unternehmenstrainings können wir so etwas jede Woche beobachten, und trotzdem bewegt es uns immer wieder sehr. Gewöhnlich ist es ein einziger unter zwanzig, der anfangs die Rolle des Visionärs übernimmt, meistens der CEO oder sonstige Ranghöchste; oft hat er auch das Training anberaumt. Nach drei Tagen beginnt sich das Bild jedoch stark zu verändern. Jetzt übernehmen alle zwanzig die Verantwortung dafür, Quellen von Visionen für das Unternehmen zu sein. Der ganze Raum ist mit der pulsierenden Energie gemeinsamer Begeisterung erfüllt. Alle schwingen auf derselben Frequenz, weil alle zur Quelle geworden sind.

Die Quelle ist es, wo die Kreativität herstammt. Sie ist auch der Ursprung von Gewinn und Spaß am Tun. Wer sich mit dem Ursprung verbindet, inspiriert zu Kreativität, Gewinn und Spaß. Alle anderen sitzen trist auf einer Bank und mosern. In diesem Teil des Buches wollen wir uns deshalb ansehen, was zu tun ist, um im Betrieb zu einer Quelle der Integrität, Vision und Intuition zu werden.

KAPITEL 1

Integrität

Führung durch Ansporn zur Echtheit

Integrität hüllt Sie in ein Kraftfeld aus Vitalität, Energie und Kreativität. Ein Verstoß gegen die Integrität trübt dieses Kraftfeld um Sie herum und macht Kreativität unmöglich. Ohne Integrität verlieren Sie, Ihre Mitarbeiter und die Firma Energie.

> *Manchmal sage ich es zu deutlich, aber es ist ungemein wichtig, offen und direkt zu sein und die Wahrheit zu sagen. Bei Bürokratie und Machtkämpfen hilft das sehr: Sobald Sie zuhören, aufgeschlossen und gesprächsbereit sind, sind die Leute bemerkenswert aufgeschlossen, und alles verändert sich viel schneller.*
>
> MORT TOPFER
> Stellvertretender Vorsitzender bei Dell Computers

Für die Integrität einzustehen bringt die Energie im ganzen Unternehmen in Gang. Es setzt auch etwas in Ihnen in Bewegung. Wenn Sie sich der Integrität verpflichten, wird alles in Ihnen und in Ihrem Betrieb, was unaufrichtig ist, ans Licht gespült. In dem Augenblick, in dem Sie integer sein wollen, fällt Ihnen beispielsweise plötzlich eine Lüge ein, die schon sechzehn Jahre zurückliegt. Das rührt daher, daß Ihre Verpflichtung zur Integrität Sie auch körperlich ganz durchdringt und alles hochbringt, was ihr im Weg steht. Dasselbe gilt für Firmen und Organisationen. Wenn ein einzelner dort für die Integrität einsteht, geht sie wellenförmig von ihm aus. Manche werden dann aufrichtiger, andere wehren sich vielleicht dagegen. Aber die Macht, die davon ausgeht, daß man für sie einsteht, läßt sich nicht leugnen. Sie ist nicht zu übersehen.

Bob Galvin, der ehemalige Vorsitzende von Motorola, erzählte einmal folgende Begebenheit: »In den frühen fünfziger Jahren hatten wir Gelegenheit, einen sehr bedeutenden Vertrag mit einem südamerikanischen Land abzuschließen, um ein Mikrowellenradionetz zu installieren. Im ersten Teil des Vertrags ging es um Aufträge im Wert von zehn Millionen Dollar, im Rahmen unserer Gesamteinnahmen von über hundert Millionen Dollar ein sehr großes Angebot. Eine der Führungskräfte kam zurück und berichtete, wir hätten den Auftrag bekommen, aber man habe beschlossen, ihn aus folgendem Grund nicht anzunehmen: Die Generäle an der Spitze des Landes wollten elf Millionen Dollar im Vertrag vermerkt haben und die Differenz einstreichen. Ich entgegnete, das tue mir leid und er solle den Vertrag auch ablehnen, falls sie ihre Betrugsabsichten zurücknähmen und den ursprünglichen Preis akzeptierten. Außerdem sagte ich ihm, wir würden mit diesem Land keine Geschäfte mehr machen, solange die Regierung nicht wechselte.«

Wenn Sie eine solche unbeirrbare Haltung einnehmen, verstehen die Leute, daß Sie auch meinen, was Sie sagen. Und die Ergebnisse sprechen für sich: Die Generäle sind seit langem verschwunden, doch Motorola steht geschäftlich sehr gut da.

Es gibt auch einen ganz persönlichen und sichtbaren Grund, sich an die Integrität zu halten: Ihr Gesicht fängt an zu strahlen, wenn Sie integer handeln oder einen Verstoß gegen die Gebote der Redlichkeit korrigieren. Ihre Stimmung sinkt wie ein Stein, sobald Sie unaufrichtig und korrumpierbar werden. Wenn Sie an Ihrem Arbeitstag nicht voll und ganz dabei sind, ist dies, als hätten Sie irgendwo ein Geschäft gemacht, das Ihnen Ihre Energie raubt.

Wenn Businessmen sich einmal Zeit zum Nachdenken nehmen, erschrecken sie, wenn sie merken, wieviel Zeit, Energie und Geld mit Integritätsproblemen vergeudet wird. Die positive Kehrseite trifft allerdings ebenfalls zu: Die Beachtung der Integrität öffnet der Kreativität die Tür. Wenn Sie zum Beispiel das Gefühl haben, daß etwas in einem Gespräch nicht erwähnt wird, unterbrechen Sie sofort und fragen Sie nach. Wenn Sie sich getäuscht haben, zeigt es sich gleich. Aber wenn Sie nichts sagen, hinterläßt das Gespräch danach das Gefühl in Ihnen, etwas sei noch nicht geklärt, und ein kleiner Teil Ihres Verstandes beschäftigt sich immer noch damit – ebender Teil, den Sie für einen kreativen Treffer gebraucht hätten.

Integrität: Führung durch Ansporn zur Echtheit

Integrität stellt eine echte Verbindung zu Menschen her, besonders zu denen, in deren Nähe Sie gerne sind. Ohne Aufrichtigkeit ist keine Beziehung möglich, sondern es entstehen nur Verwicklungen. Die Grundbedeutung des Wortes »Verwicklung« ist die, daß sich zwei oder mehr Dinge so ineinandergeschlungen haben, daß keins davon mehr frei ist. Das passiert, wenn Menschen einander gegenüber nicht ehrlich sind.

Charakter ist das,
was du im Dunkeln bist.
DWIGHT L. MOODY

Integrität vereinfacht das Leben sehr. Wie Henry David Thoreau sagte, sind die drei Dinge, die wir alle brauchen, um glücklich zu sein: »Vereinfachen, vereinfachen und vereinfachen.« Gays Großmutter drückte das so aus: »Sofern du immer die Wahrheit sagst, brauchst du dich nicht daran zu erinnern, was du gesagt hast.« Wenn Sie bei der Integrität in die Schule gehen, brauchen Sie weder Gedanken, Energie noch Zeit zu vergeuden, um herauszufinden, wo das Problem jeweils liegt. Sie wissen, daß Sie sich mit Ihrem Verhältnis zur Integrität befassen müssen, falls die Dinge nicht glattlaufen.

Der ganzheitliche Manager als Führungskraft: Zum Ursprung werden

Ganzheitliche Manager kennen den folgenden Grundsatz: Integrität wirkt. Sie ist nicht nur ein hehres Ideal, sondern ein wesentlicher Grundsatz im betrieblichen Alltag. Es braucht enorm viel Energie, nicht integer und von der Ganzheit des Lebens getrennt zu sein. Diese vergeudete Energie ist eine Kraft, die sowohl im persönlichen als auch beruflichen Bereich nur vergiftet und zerstört. Wenn wir so tun, als hätten unsere Handlungen keine Folgen – falls wir glauben, wir könnten in dieser schnellebigen Zeit überhaupt mit irgend etwas ungeschoren davonkommen –, dann wird es bald ein äußerst böses Erwachen für uns geben.

Viele haben noch nie zu einer Gruppe von Menschen – einer Familie, einem Club oder einem Unternehmen – gehört, in der vollkommene Integrität herrscht. Wir können Ihnen nur sagen: Es ist ein herrliches Gefühl. Wir hatten das große Glück, in zahlreichen Betrieben mitwirken und sie aus Abgründen herausholen zu können, in die sie durch Verstöße gegen die Integrität gefallen waren. Manchmal bedeutete der Wechsel von einem nichtintegren Klima zu einer Atmosphäre der Aufrichtigkeit Monate oder sogar Jahre harter Arbeit für sie. Aber in jedem einzelnen Fall zeigten die Ergebnisse, daß es sich sehr lohnt.

Bei unseren Reisen in der Unternehmenswelt konnten wir feststellen, daß Menschen grundsätzlich wohlmeinend sind. Es gibt wohl immer wieder Ausnahmen von dieser Regel, aber das ist nie das eigentliche Problem. Es liegt vielmehr daran, daß die meisten eine unklare Vorstellung davon haben, was Integrität eigentlich ist. Sie wissen nicht, nach welchen Grundsätzen der Aufrichtigkeit man navigiert und wie man sie in einem Unternehmen nutzbringend anwendet. In diesem Kapitel wollen wir deshalb versuchen, das Geheimnis der Integrität etwas zu lüften.

Was Integrität eigentlich ist

Integrität: Führung durch Ansporn zur Echtheit

Um integer zu leben, muß man nach den folgenden drei Grundsätzen handeln: ehrlich sein sich selbst gegenüber, ehrlich sein anderen gegenüber und tun, was man gesagt hat. Mit dieser Art von Ehrlichkeit haben Sie eine Chance, den Kern der Integrität zu erfassen und Ihre Seele unverkäuflich zu machen. Wenn Sie sich selbst durch und durch kennen, werden Sie Selbsttäuschungen gegenüber immun.

Bevor Sie sich jedoch diese Bereiche vornehmen, gibt es etwas noch Grundlegenderes, mit dem wir uns befassen sollten: Streben Sie Ihre volle Entwicklung und den Erfolg des Unternehmens an, in dem Sie arbeiten?

In jedem Menschen sind zwei ausgeprägte Bestrebungen am Werk. Die eine zielt auf völlige Unabhängigkeit ab, in der wir ganz unser eigener Herr sind. Aber wir haben auch den starken Wunsch, uns etwas Größerem zu verpflichten, mit anderen Menschen, einem Unternehmen oder einer Familie, ja mit dem Universum selbst Zwiesprache zu pflegen. Beide Bestrebungen sollten beachtet und voll entwickelt werden. Manche Menschen werden zu sehr in eine der beiden Richtungen gezogen und aus dem Gleichgewicht geworfen. Eine solche Unausgewogenheit zeigt sich in einer derart ausgeprägten Unabhängigkeit, daß die große Freude, sich etwas Größerem hinzugeben, nie erlebt wird. Eine andere Art von Unausgewogenheit ist eine so vollständige Hingabe, daß gar niemand da ist, wenn man eines Tages aufwacht und fragt: »Wer bin ich?« In Unternehmen und Organisationen wimmelt es von Leuten, die auf eine der beiden Arten aus dem Gleichgewicht geraten sind. Manche halten sich zurück und lassen sich überhaupt nie zu einem vollen Einsatz hinreißen. Andere gehen so im Unternehmen auf, daß sie kein Eigenleben mehr haben.

Der ganzheitliche Manager als Führungskraft: Zum Ursprung werden

Ganzheitliche Manager gehen dieser Schwierigkeit sorgfältig auf den Grund, wohl wissend, daß sie diese beiden ausgeprägten Bestrebungen in sich pflegen müssen. Sie wissen, daß sie in einem Team ganz mitmachen, gleichzeitig aber sich selbst als Einzelwesen treu bleiben müssen. Weder das eine noch das andere reicht aus. Beide Bestrebungen verdienen beachtet zu werden.

Integrität macht lebendiger

Integrität fühlt sich gut an. Wenn Sie integer sind, ziehen alle Kräfte im ganzen Körper am gleichen Strang. Versuchen Sie es selbst. Achten Sie das nächste Mal, wenn Sie einen Verstoß gegen die Integrität korrigieren – etwa: »Jim, ich hatte dir gesagt, ich würde dich um zwölf Uhr zurückrufen, aber ich bin erst um halb zwei zurückgekommen« –, darauf, was in Ihrem Körper gleich danach vor sich geht. In der Regel stellt sich ein Energieschub und ein Gefühl entspannter Wachsamkeit ein. Plötzlich können Sie Ihre gesamte Aufmerksamkeit dem Augenblick widmen. Weil Sie auf Integrität achten, haben Sie überschüssige Energie, die Ihre Leistungsfähigkeit steigert, so daß Sie alles erreichen können, was Sie wollen.

> *Wenn wir auf einer integren Basis werben – wenn wir die Wahrheit über ein Produkt oder eine Dienstleistung so spannend und attraktiv darstellen können, daß die Leute nicht aus Angst zum Kauf motiviert werden –, dann bringt diese Werbung sowohl dem Kunden als auch der Agentur den größten Erfolg ein.*
>
> MARK HORN
> Vice-President und Creative Supervisor bei Wunderman Cato Johnson

Ein ganzheitlicher Manager drückte es so aus: »Wenn ich integer bin, fühle ich mich mit der Welt und anderen ganz verbunden. Ich kann loslassen, statt mich festzuhalten. Ich merke, wie mein Gesicht und meine Haut ganz offen werden, eine angenehme Fülle – wie nach einer Dusche. Ich fühle mich körperlich entspannt und wach und angeregt zugleich. Ich bin neugierig und ganz ruhig. Ich bin intuitiver. Ich mache Gedankensprünge und sehe deutlichere Bilder. Ich höre besser zu, weil ich nicht durch den Filter ›Werden sie mich reinlegen?‹ zuhöre. Ich bin grundlos glücklich, wenn ich integer bin.«

Integrität: Führung durch Ansporn zur Echtheit

Die drei Fragen bei Verstößen gegen die Gebote der Integrität

Beinahe jede Katastrophe, sei es im persönlichen Bereich oder am Arbeitsplatz, beginnt mit einem Integritätsproblem, häufig sogar nur einem kleinen. Wenn man es unbeachtet läßt, kann ein kleines Problem – wie ein winziger Achter im Vorderrad – schnell so eskalieren, daß alles, was nicht fest zusammengefügt ist, auseinanderfällt. Wenn die Dinge nicht glattlaufen und Sie nicht wissen, auf was es zurückzuführen ist, können Sie annehmen, daß es sich um eine »Integritätspanne« handelt. Das liegt nicht daran, daß Menschen grundsätzlich schlecht wären, sondern daran, daß wahre Integrität schwer zu meistern ist. Hier sind drei Kernfragen, die Sie sich dazu stellen können:

> *Ein sicherer Prüfstein geistiger Gesundheit ist die Frage, ob du das Leben so, wie es ist, in seiner Ganzheit akzeptierst.*
>
> LAOTSE

Sind Sie sich selbst gegenüber ehrlich?

Die erste Frage ist immer die, ob Sie sich selbst gegenüber nicht integer waren. Ist es Ihnen auf dem Weg, den Sie für Ihr Leben eingeschlagen haben, im Innersten wohl? Die meisten Menschen lernen sehr früh, innere Warnzeichen auszuschalten, und der Preis dafür ist auf lange Sicht unglaublich hoch. Wir bekommen ein Signal, das besagt: »Tu das nicht«, und machen trotzdem weiter. Fast alle, die in größere Verstöße gegen die Gebote der Integrität verwickelt waren und mit denen wir gesprochen haben, hatten dabei am Anfang ein ungutes Gefühl gehabt, sich über dieses Gefühl hinweggesetzt und es wegrationalisiert.

Es ist menschlich, daß wir oft eine ganze Reihe von Prüfungen brauchen, bis wir das gelernt haben. Auch wenn Sie diesem Thema bisher aus dem Weg gegangen sind, können Sie auf der Stelle mit dem Lernen beginnen. Unterbrechen Sie sich gleich jetzt, und fragen Sie sich: Gibt es Bereiche in meinem Leben, in denen ich mich selbst belüge? Glücklichsein entspringt einer lauteren Quelle. Das bedingt eine durch und durch ehrliche Beziehung zu sich selbst.

Ihre Gefühle sind der Schlüssel in dieser Gleichung. Es gibt drei Gefühle, mit denen Sie so gut umgehen können sollten, daß Sie ruhig darüber sprechen können. Diese Gefühle sind Angst, Wut und Trauer. Um hinsichtlich Ihrer Gefühle integer zu sein, müssen Sie wissen, wann Sie Angst haben, wütend und/oder traurig sind, und sagen können: »Ich habe Angst« oder »Ich bin wütend« oder »Ich bin traurig«. Zwischenmenschliche Probleme ergeben sich oft, weil wir Gefühle vor uns selbst und vor anderen verbergen. Sie lassen sich nur lösen, wenn wir uns durch und durch kennen und einander mitteilen können, was wir eigentlich empfinden.

Die Gefühle sind mit dem Körper verbunden, sie stecken nicht im Geist. Beim Aufwachsen haben wir aber sehr wenig über Körperbewußtsein gelernt, und viele unter uns müssen daher als Erwachsene bei Null anfangen. In einer vernünftigeren Welt würden Erstkläßler beispielsweise den Unterschied zwischen Wut und Angst kennenlernen und auch, wo diese Gefühle im Körper sitzen. Als Erwachsene verwirren uns Gefühle oft. Wir haben etwa Angst, aber statt zu sagen: »Ich habe Angst«, verstecken wir unsere Angst und schlagen wütend aus. Wir werden wütend, und statt zu sagen: »Ich bin wütend«, lösen wir uns in Tränen auf.

Integrität: Führung durch Ansporn zur Echtheit

Wenn wir uns selbst gegenüber nicht integer sind und nicht wissen, wer wir sind, was wir fühlen und was wir wollen, fängt ein Stimmengewirr in uns an, alles durcheinanderzubringen. Tragen wir dieses Durcheinander dann in unsere Umgebung hinein, kann das zu – manchmal gefährlichen – Schwierigkeiten führen.

Sind Sie anderen gegenüber ehrlich?

Die zweite Frage, die man sich stellen sollte, lautet, ob es Verzerrungen in Ihren Mitteilungen an andere gibt oder gegeben hat. Um es kraß auszudrücken: Wo sind die Lügen in Ihrem Leben? Wenn Sie auf eine Lüge stoßen, gestehen Sie sich diese zuallererst ein: »Ich habe dem Unternehmen X gesagt, daß das Unternehmen Y unsere Softwareprodukte kauft. Das war gelogen, aber ich hatte Angst, ich würde ohne diesen Verkauf meine Quote nicht erfüllen.« Das ist ein ganz wichtiger Schritt, sonst werfen Sie Ihren eigenen Lebensrahmen über den Haufen. Danach bringen Sie es mit den Betreffenden in Ordnung. Meistens genügt eine zehnminütige Unterredung. »Jerry, ich hatte dir gesagt, das Unternehmen Y kaufe unsere Software. Eigentlich hatten sie sie noch gar nicht gekauft, aber ich wollte dir die Software verkaufen, und ich dachte, du würdest schneller zubeißen, wenn du erführest, Y habe sie gekauft.« Natürlich haben wir Angst, daß der Zuhörer wütend wird, uns irgendwie dafür bestraft und das Vertrauen nun gestört wird (wobei wir natürlich vergessen, daß diese Störung bereits geschehen ist). Manchmal passiert das, aber häufiger ist der Zuhörer dankbar, und auf lange Sicht wächst das Vertrauen.

Sigmund Freud wurde einmal aufgefordert, sein Lebenswerk in einem Satz zusammenzufassen. Er antwortete: »Ge-

Der ganzheitliche Manager als Führungskraft: Zum Ursprung werden

heimnisse machen krank.« Lügen und Geheimnisse können auch Unternehmen krank machen. Der Dorfbrunnen wird durch nichts schneller vergiftet als durch Lügen. Natürlich ist hier nicht die Rede von Dingen, für die Geheimhaltung aus geschäftlichen Gründen notwendig ist, zum Beispiel dem Patent für einen Computerchip oder der Zusammensetzung von Coca-Cola. Die Lügen und Geheimnisse, die Unternehmen schaden, haben meistens mit dem Zurückhalten von Informationen zu tun – zum Beispiel einer Affäre –, um jemanden damit zu schützen.

Tun Sie, was Sie gesagt haben?

Die dritte Frage, die man sich stellt, wenn die Dinge schiefgegangen sind, ist die, ob man versäumt hat, Abmachungen einzuhalten. Oft handelt es sich um relativ unbedeutende Vereinbarungen, um nur leichte Verstöße. Aber es geht nicht um die Größe. Sehen Sie nur, wie sehr Sie ins Schlenkern kommen, wenn die Vorderräder nicht genau ausgewuchtet sind. Der ganzheitliche Manager weiß, daß es nur eines gibt, wenn eine Abmachung nicht eingehalten wurde: dazu stehen und der Sache ins Auge sehen. Sagen Sie es deutlich: »Jim, ich habe dir gesagt, du würdest den Bericht um 5 Uhr haben. Jetzt ist es zehn nach, und er wird gerade erst ausgedruckt. Es tut mir leid, wenn du dadurch in Schwierigkeiten kommst.« Dann warten Sie und hören zu. Vielleicht reagiert der andere, vielleicht spielt es überhaupt keine Rolle. Gewinner stehen dazu und hören sich jede Reaktion an. Verlierer sind zu sehr mit Beschönigungen beschäftigt: Sie entschuldigen sich, schieben anderen die Schuld zu, versprechen, daß es nicht wieder vorkommt, usw. Die Straßengräben um die Unternehmen im ganzen Land sind von gewohnheitsmäßigen Entschuldigungserfindern überfüllt.

> *Es gibt keine kleinen Verstöße gegen die Integrität.*
>
> TOM PETERS

Ein gesundes Maß an Verantwortung übernehmen

Integrität: Führung durch Ansporn zur Echtheit

Integrität gipfelt in der Fähigkeit, Verantwortung voll und effektiv zu übernehmen. Gewöhnlich ist von Verantwortung die Rede, wenn nach dem Schuldigen für eine Panne oder einen Mißstand gesucht wird. Die Definition eines erfolgreichen Menschen hingegen lautet: Was kann ich dazu beitragen, damit alle gewinnen?

Die beste Verantwortung ist diejenige, die übernommen wird. Echte Verantwortung, die Ihr Leben verändert, beginnt nicht eher, als bis Sie sie aktiv übernehmen. Es gibt kein magisches Alter, in dem Sie verantwortlich werden. Ganzheitliche Manager surfen immer auf dem Wellenkamm der Verantwortung und fragen sich ständig, wie sie in der jeweils anstehenden Sache ein gesundes Maß davon tragen können.

> *Ich behaupte, daß Unehrlichkeit zu Versagen führt, das sich oft anders zeigt – auf eine Art, die außenstehende Beobachter nicht sehen können.*
>
> JOSEPH SUGARMAN

Wenn Ihre Definition der Verantwortung mit Fehlern und Schuldzuweisung zu tun hat, dann zielen Sie in drei ergebnislose Richtungen: Es ist deren Schuld, es ist meine Schuld, die Welt ist daran schuld. Keine dieser Richtungen führt zu einer wirkungsvollen Handlung. Der ganzheitliche Manager weiß, daß es hierbei nur zwei stichhaltige Fragen gibt: Was kann ich daraus lernen? Und: Was ist jetzt zu tun? Die erste Frage erschließt Ihnen sogar die Unendlichkeit, weil es so viel aus jeder Situation zu lernen gibt, und die zweite Frage holt Ihre Aufmerksamkeit auf das ganz Praktische zurück.

Nachfolgend ein Beispiel für die Wirkung von Verantwortlichkeit. Es verdeutlicht, wie jemand, der die volle Verantwortung übernimmt, andere dazu anspornt, dasselbe zu tun. Als das Folgende geschah, war Ron Bynum Direktor einer Schulungsorganisation, die für ihre Zwecke ein ehemaliges

Der ganzheitliche Manager als Führungskraft: Zum Ursprung werden

Sommerlager verwendete. Eines Abends war er zu Hause und las gerade, als ein Anruf mit einer erschreckenden Nachricht kam: Eines der Gebäude in seinem Schulungszentrum hatte Feuer gefangen und war im Nu abgebrannt. Jemand hatte ein Handtuch in der Nähe des Ofens in einem Schlafsaal für Mitarbeiter gelassen. Das alte Holzhaus war wie Zunder in Flammen aufgegangen.

Als er zum Zentrum kam, waren seine an die hundert Angestellten in einem höllischen Aufruhr. Alle, sogar der Zentrumsleiter, schoben sich und anderen die Schuld in die Schuhe. Unser ganzheitlicher Manager berief eine Versammlung im großen Saal ein und übernahm den Vorsitz.

Verantwortung heißt, sich die Gabe der Antwort zu bewahren.

GUSTAV MAHLER

Er begann folgendermaßen: »Ich möchte hier die Frage aufwerfen, wer für diese Lage verantwortlich ist.« Er hielt inne, als die Anwesenden lauthals anfingen, mit dem Finger um sich zu zeigen. Er wartete, bis sich alle beruhigt hatten. »Die Antwort ist für mich ganz klar«, sagte er, »ich bin verantwortlich.« Totenstille breitete sich im Raum aus.

»Moment mal«, sagte jemand, »Sie waren ja nicht einmal hier! Wieso sind Sie dann verantwortlich?«

»Ich bin verantwortlich, weil ich die Verantwortung übernehme. Nur das spielt eine Rolle. Wenn Sie in die Einzelheiten gehen wollen, war ich diesen Sommer ein dutzendmal in diesem Schlafsaal, und ich hätte bemerken können, daß die Handtuchstangen zu nahe beim Ofen waren. Aber ich habe es nicht bemerkt. Das wäre ein Grund, weswegen ich dafür verantwortlich bin. Aber die Einzelheiten sind belanglos. Wie wäre es, wenn wir alle Verantwortung übernähmen, anstatt uns und andere zu beschuldigen? Und dann überlegen wir uns, was wir tun können.«

Die Stimmung im Raum veränderte sich im Handumdrehen.

Schuldzuweisungen und Tadel hörte man plötzlich nicht mehr. Das Gespräch drehte sich jetzt nur noch um Lösungen. Dadurch, daß er die Verantwortung übernommen hatte, erreichte Ron Bynum, daß alle eine Kehrtwendung in eine produktive Richtung machten. Was kann man mehr von einer Führungskraft verlangen?

Integrität: Führung durch Ansporn zur Echtheit

Probleme lösen sich sofort, wenn jemand dazu steht, Verursacher zu sein. Ganzheitliche Führungskräfte verdienen es deshalb zu führen, weil sie schnell den Boden der Integrität wieder betreten können, wenn sie merken, daß sie abgerutscht sind, und nicht, weil sie ohne Unterlaß ein Bronn der Integrität wären. Ganzheitliche Manager sind keine Heiligen, die über allem stehen. Aber sie erkennen rasch, wenn sich eine Gelegenheit ergibt, ihre Verbindung zur Quelle zu beanspruchen.

Verantwortung neu definiert

Kathlyn Hendricks, Unternehmensberaterin (und Gays Frau), steht vor einer Gruppe von etwa zwanzig Leuten, alles Spitzenführungskräfte einer der größten Firmen der USA. Sie hält eine Hundertdollarnote hoch und reicht sie herum, damit alle sie in die Hand nehmen können. Obwohl alle Anwesenden regelmäßig Entscheidungen über Millionen von Dollars treffen und viele von ihnen selbst Millionäre sind, geht immer noch etwas von dieser Hundertdollarnote aus, das die Aufmerksamkeit auf sich zieht. Fragende Blicke folgen der herumgereichten Banknote.

> *Was wir am meisten an unserer Unternehmenskultur schätzen, ist die persönliche Verantwortung, die hier übernommen wird. Wenn je die Entscheidung zwischen Unternehmenspolitik und persönlicher Verantwortung zu treffen ist, empfehlen wir jeweils, für die persönliche Verantwortung einzustehen.*
>
> ED McCRACKEN
> CEO von Silicon Graphics

Der ganzheitliche Manager als Führungskraft: Zum Ursprung werden

Sie heftet den Geldschein mit einer Klammer an das Flipchart und fragt: »Wer ist dafür verantwortlich, daß diese Banknote hier hängt?«

Stille, in der nur hier und da ein Kichern zu hören ist. Sie wiederholt die Frage und achtet sorgfältig darauf, sie in genau dieselben Worte zu kleiden.

»Sie«, antwortet schließlich jemand.

»Warum?« fragt Kathlyn.

»Das ist doch klar. Weil Sie sie dorthin geheftet haben«, sagt er.

»Gut. Schauen wir uns das einmal an«, meint Kathlyn. »In der einen Betrachtungsweise der Verantwortung fragt man: ›Wer hat das getan?‹ Die meisten haben diese Frage zum ersten Mal gehört, als Mutter oder Vater merkten, daß etwas nicht in Ordnung war, und fragten: ›Wer ist dafür verantwortlich?‹«

Man hört leises Gelächter im ganzen Raum, weil die Zuhörer sich an die Erfahrungen mit dieser Art von Verantwortlichkeit erinnern.

Kathlyn macht zwei Kolumnen auf dem Flip-chart. Über der einen steht die Überschrift: »Bekannte Definitionen der Verantwortung«. Über der anderen steht: »Lebensverändernde Definition der Verantwortung – Fortschritt«. Sie schreibt »Wer hat das getan?« unter die »Bekannten Definitionen«.

»Es gehört in diese Kategorie, weil wir es alle kennen und weil das Wissen darum, wer etwas getan hat, selten zu einem kreativen Fortschritt führt oder unser Leben verändert.«

Kathlyn fragt noch einmal: »Wer ist dafür verantwortlich, daß diese Banknote hier hängt?«

Wieder tritt Stille ein, dann sagt jemand: »Wir alle.«

»Warum?« fragt Kathlyn.

»Weil die meisten Anwesenden sie in die Hand genommen haben, als sie herumgereicht wurde. Und auch wenn jemand sie nicht in die Hand genommen hat, haben wir sie doch alle gesehen.«

Integrität: Führung durch Ansporn zur Echtheit

»Schauen wir uns diese Erklärung an«, erwidert Kathlyn. »Wenn wir darüber nachdenken, ist sie eine Erweiterung der ersten Definition, auf die wir gekommen sind. Statt ›Wer hat das getan?‹ fragen wir jetzt: ›Wer hat an der Kette der Ereignisse teilgenommen, die dazu geführt haben, daß die Dinge jetzt so sind?‹ Diese Definition der Verantwortung ist bei Skandalen wie Watergate oder Iran-Contra sehr beliebt. Der Präsident und jeder, der an der Macht sitzt, kann versuchen, sich so darzustellen, daß er aus dem Schneider ist. Unterdessen versucht die Opposition, nachzuweisen, daß der Präsident auf jeden Fall in der Schlinge steckt. Das ist aber eigentlich nur eine andere Formulierung von ›Wer hat das getan?‹« Sie schreibt: »Wer war an der Kette der Ereignisse beteiligt?« in die Kolumne unter den »Bekannten Definitionen der Verantwortung«.

»Aha!« sagt jemand. »Eigentlich ist das Schatzamt verantwortlich.«

»Warum?« fragt Kathlyn.

»Es hat die Note gedruckt«, sagt er. Zustimmendes Gemurmel.

»Gut«, sagt Kathlyn, »schauen wir es mal so an: Ist das nicht eigentlich eine zusätzliche Erweiterung unseres bekannten Grundsatzes? Hier wird der Grundsatz an seinen Ursprung zurückgeholt. Die Schatzkammer ist dafür verantwortlich, weil sie eine Reihe von Ereignissen in Gang gesetzt hat, die dazu geführt haben, daß die Dinge jetzt so sind.« Man hört ein zustimmendes Raunen, und sie schreibt: »Wer hat es in Gang gesetzt?« in die Kolumne unter die »Bekannten Definitionen«.

Der ganzheitliche Manager als Führungskraft: Zum Ursprung werden

Jetzt sieht man viele krause Stirnen und gekreuzte Arme oder Beine im Raum. Mit einem Wort, alle sind perplex. Kathlyn schweigt und wartet, sie wartet und läßt die kreative Spannung steigen.

Plötzlich setzt sich jemand kerzengerade auf.

»Ich bin dafür verantwortlich, daß sie dort ist«, sagt er.

»Beweisen Sie es«, erwidert Kathlyn.

Er geht schnell nach vorne und nimmt die Hundertdollarnote von der Tafel.

»Ich bin dafür verantwortlich, weil sie jetzt nicht mehr da ist. Ich habe die Verantwortung dafür übernommen, das zu ändern.«

Kathlyn lächelt. »Er hat die Verantwortung dafür übernommen, das zu ändern. Egal, wer damit angefangen hat. Egal, wer damit in Berührung gekommen ist. Egal, wer an der Reihe von Ereignissen beteiligt war. Er ist aufgestanden und hat es getan. Ich gratuliere. Das ist der Fortschritt, die lebensverändernde Definition der Verantwortung.«

Sie fängt an, Beifall zu klatschen. Er tritt zu ihr und will ihr die Banknote zurückgeben.

»Behalten Sie sie«, sagt sie. »Verantwortung hat ihren Lohn.«

Wie man Abmachungen trifft und einhält

Eine einfache Definition für eine Abmachung ist: alles, von dem Sie gesagt haben, daß Sie es tun oder nicht tun würden. Die Kunst des Erfolgs im Leben (und in der Arbeit) hängt zum Teil davon ab, ob man gelernt hat, wie man seine Abmachungen trifft und einhält.

Wenn Sie sagen, der Bericht liege um 17 Uhr auf jemandes Schreibtisch, müssen Sie zusehen, daß er dann auch dort ist, oder die Abmachung ändern. Dadurch, daß Sie eine Abmachung treffen, schaffen Sie eine neue Wesenheit im Universum. Bevor Sie diese Wesenheit geschaffen haben, gab es *den Bericht, der um 17 Uhr auf Jims Schreibtisch liegt,* noch nicht. Indem Sie diese Abmachung getroffen haben, haben Sie sich mit der Schöpferkraft des Universums verbunden, derselben Kraft, die Eichen sprießen läßt, wo zuvor kein Baum stand. Wenn Sie sich auf die Kreativität des Alls eingestellt haben, müssen Sie die Schöpfung zufriedenstellen oder das Gemachte klar und eindeutig löschen. Sonst widersetzen Sie sich der größten Macht, die es gibt.

Integrität: Führung durch Ansporn zur Echtheit

Nachfolgend kurz die wesentlichen Merkmale dieser Kunst, die wir erst durch viel schwieriges Herumprobieren erlernt haben.

1. Denken Sie sorgfältig nach, bevor Sie eine Abmachung treffen. Es ist viel leichter, keine Vereinbarung zu treffen, als eine getroffene, die Sie dann doch nicht einhalten möchten, rückgängig zu machen. Wenn Sie diesbezüglich Zweifel haben, fragen Sie einen guten Scheidungsanwalt.
2. Treffen Sie nur Abmachungen, zu denen Sie aus vollem Herzen stehen. Wenn Sie nicht mit dem Herzen dabei sind – ob es sich nun um das Fußballspiel Ihres Sohnes oder die Teilnahme an der jährlichen Aktionärsversammlung handelt –, weshalb sollten Sie sich dann die Mühe machen? Abmachungen, die Ihnen nicht wichtig sind, die Sie aber dennoch treffen, haben es an sich, wiederaufzutauchen und Sie später zu verfolgen, weil ein intuitiver Mensch wahrnimmt, daß Sie eigentlich gar nicht dabei sind.
3. Halten Sie getroffene Abmachungen peinlich genau ein.
4. Schreiben Sie auf, was Sie vereinbart haben, wenn Sie ein komplizierteres Leben als zum Beispiel ein Schäfer führen. Wenn Sie Ihren Kopf entlasten und Abmachungen aufschreiben, bleibt Ihnen mehr schöpferische Energie.

Der ganzheitliche Manager als Führungskraft: Zum Ursprung werden

Häufig hört man bei geschäftlichen Unstimmigkeiten den Satz: »Ich war nicht sicher, daß wir das ausgemacht hatten ...« So etwas kann eindeutig vermieden werden.

Wie man nutzlose Abmachungen ändert

Es gibt nur eins. Reden Sie darüber. Nehmen Sie einen tiefen Atemzug, und sagen Sie die Wahrheit. Ihr Gegenüber ist vielleicht mit der Änderung einverstanden oder auch nicht. Womöglich kommt es zu einer Gefühlsexplosion. Eventuell bekommen Sie nicht, was Sie wollten. Aber das können Sie nur herausfinden, wenn Sie darüber reden.

> *Ehrlichkeit ist die beste Politik. Sie ist die einzige Politik.*
>
> HARLAN RANDOLPH

Je ehrlicher Sie in einer gegebenen Situation die reine Wahrheit sagen, desto besser geht es. Wenn beispielsweise Ihre wichtige Besprechung mit dem Chef mit dem Fußballspiel Ihres Sohnes zusammenfällt, dann sagen Sie den Beteiligten, in welcher Zwickmühle Sie sind. Was empfinden Sie dabei? Haben Sie Angst, oder sind Sie verwirrt? Teilen Sie ihnen die bloßen Tatsachen und Ihr ungelöstes Problem mit. Das wird geschätzt. Es zeigt anderen das »echte Sie« statt der verpackten Version, und oft kommt es zu einer kreativen Lösung.

Integrität ist ebenso eine Frage der Physik wie der Moral

Obschon es klingt, als sei Integrität eine Sache der Moral, geht sie darüber hinaus. Integrität ist eine Frage der Physik, und mit physikalischen Gesetzen herumzuspielen heißt, ein baldiges Unglück heraufzubeschwören.

Wenn Sie nicht mehr Schritt halten, weil Sie eine Abmachung nicht eingehalten haben, wird ein Schneeballeffekt in Gang gesetzt. Erwischen Sie ihn genügend rasch, kommt gewöhnlich alles in Ordnung. Übersehen sie ihn oder versuchen Sie, Ihre Spuren zu verwischen, dann haben Sie das Nachsehen. Mit dem Universum läßt sich nicht spaßen. Die meisten betrachten es als eine Frage der Moral, aber lange vor jeder Moral – die Menschen aufgestellt haben – gab es Grundgesetze, denen das Universum gehorcht. Zweifellos werden diese Gesetze noch in Kraft sein, lange nachdem das Experiment Mensch seinen Lauf genommen hat.

Integrität: Führung durch Ansporn zur Echtheit

Es gibt einen kosmischen und dennoch ganz praktischen Grund, weshalb alle ganzheitlichen Manager, die wir für dieses Buch befragten, rechtzeitig zu ihren Gesprächen erschienen, ganz egal, ob sie vom anderen Ende der Stadt oder des Landes kamen. Sie wissen, daß eine getroffene Abmachung einer heiligen Übereinkunft zwischen ihnen und dem All gleichkommt. Sie wissen, daß es sich nicht empfiehlt, die Kräfte der Schöpfung zu mißachten. Sie wissen auch, daß Abmachungen einzuhalten etwas darüber aussagt, wie sehr sie sich selbst und den Wesenskern ihres Gegenübers schätzen, mit dem sie die Abmachung getroffen haben.

> *Treten Sie im Kampf zwischen sich und der Welt für die Welt ein.*
>
> FRANK ZAPPA

Auf einem Bein: Wie nichtganzheitliche Manager mit Integritätsproblemen umgehen

Wenn Sie eine Abmachung nicht eingehalten haben, gehen nichtganzheitliche Manager gewöhnlich auf eine oder mehrere der folgenden Arten vor:

- *Sie entschuldigen sich:* Genau wie die komplizierte Beinarbeit eines Matadors ist die Entschuldigung ein Versuch, den Folgen, das Schicksal herausgefordert zu haben, zu entgehen. Aber die meisten Geschäftsleute sind klüger als Stiere: Sie fallen nicht auf die Beinarbeit herein.

Der ganzheitliche Manager als Führungskraft: Zum Ursprung werden

- *Sie tun so, als sei nichts geschehen:* Manche setzen sich unbekümmert über eine nicht eingehaltene Abmachung hinweg und machen einfach weiter, als sei nichts geschehen; damit verzögern sie das Unvermeidliche nur. Beim nächsten Mal wird die Botschaft lauter.
- *Sie töten den Boten:* Ganzheitliche Manager danken denjenigen, die versäumte Abmachungen zur Sprache bringen. Gewöhnlich werden solche Kritiker gemieden. Alle Mitarbeiter im engeren Kreis um Nixon, die die Wahrheit sagten, kündigten, wurden zurückgestuft oder entlassen, bis am Ende nur noch Lügner übrigblieben. Und wir wissen, wie das ausgegangen ist.
- *Sie gehen in Abwehr:* Manche Menschen, besonders solche mit einer geringen Selbstachtung, halten einen hin oder beißen zurück, weil sie die Botschaft als Angriff mißverstehen. Ihr Selbstbewußtsein ist bestenfalls nur angeknackst, und deshalb glauben sie, an eine nicht eingehaltene Vereinbarung erinnert zu werden sei kein Weckruf, sondern ein Seitenhieb gegen sie persönlich.
- *Sie wenden die Vernebelungstaktik an:* Wenn man sie dabei erwischt, fangen manche mit einer langen Liste von Klagen an, die sie schon lange mit sich herumgetragen haben. Sie mögen die Art nicht, wie man es ihnen gesagt hat, oder sie waren wegen etwas anderem erzürnt und führen das als Entschuldigung an, daß sie die Vereinbarung nicht eingehalten haben. Manchmal gelingt es ihnen, ihre Gesprächspartner damit vom Thema abzulenken.
- *Sie setzen dem Ganzen noch einen drauf:* Andere wieder setzen allem noch einen drauf und sagen: »Der Scheck ist unterwegs«, während er noch immer auf ihrem Schreibtisch liegt. Wenn man sie bei einer nicht eingehaltenen Vereinbarung – einem Schritt aus der Harmonie mit dem Universum hinaus – ertappt, entfernen sie sich noch einen

weiteren Schritt von der Integrität und stehen allein und auf einem Bein draußen, wo die Sturmwinde blasen. Passen Sie bloß auf.

Integrität: Führung durch Ansporn zur Echtheit

Das ist der Stoff, aus dem man Seifenopern macht, aber sie kommen leider allzuoft in Unternehmen vor. Wenn Sie den Weg eines ganzheitlichen Managers gehen wollen, merken Sie sie sich solche Reaktionen genau, und tun Sie das exakte Gegenteil davon. Danken Sie dem Boten, nehmen Sie an, was man Ihnen sagt, und handeln Sie.

Wie ganzheitliche Manager mit Integritätsproblemen umgehen

Einen ganzheitlichen Manager erkennt man am besten daran, wie er mit Verstößen gegen die Gebote der Integrität umgeht. Denken wir daran, daß auch er nicht vor Fehltritten gefeit ist, aber er bringt sie schneller in Ordnung als der Durchschnittsmensch.

Zur Grundeinstellung des ganzheitlichen Managers gehört, daß er Rückmeldungen dankbar annimmt. Er bemüht sich, sowohl die Botschaft als auch den Boten zur Kenntnis zu nehmen. Er dankt demjenigen, der ihm sagt: »Sie haben die Abmachung nicht eingehalten« oder: »Das ist nicht fair«, und belohnt ihn auch oft. Die meisten bekommen solche Rückmeldungen nicht, weil der Bote sich gewöhnlich davor fürchtet, sie auszusprechen. Ganzheitlichen Managern ist die Wahrheit wichtiger als ihre eigene Seelenruhe.

Sie stehen sofort zu geschehenen Ausrutschern. Sie sagen etwa: »Ich weiß, daß ich unsere Abmachung nicht eingehalten habe« oder: »Was ich da gesagt habe, war nicht wahr.« Obwohl sie weniger Fehler machen, als es gemeinhin der Fall ist, geben sie rasch zu: »Ich habe da einen Fehler ge-

Der ganzheitliche Manager als Führungskraft: Zum Ursprung werden

macht« oder: »Offenbar lag ich da völlig daneben.« Menschen mit wenig Selbstachtung können Fehler nicht zugeben oder dazu stehen, daß sie eine Abmachung nicht eingehalten haben – sie können nur recht haben. Ganzheitliche Manager bekennen sich genauso schnell zu einem Fehler, wie sie Ihnen beispielsweise sagen, wie spät es ist.

Ganzheitliche Manager vergeuden keine Zeit mit Reue, sondern setzen ihre Energie für Lösungen ein. Manchmal liegt die Lösung einfach darin, jetzt klar und deutlich zu sagen, was das erste Mal nicht gesagt wurde. Manchmal müssen sie mit den verletzten Gefühlen ihrer Vereinbarungspartner umgehen. Vielleicht muß eine Übereinkunft neu getroffen oder eine Bitte um Verzeihung ausgesprochen werden. Was auch immer nötig ist, man erkennt es so lange nicht, wie man nicht die Frage stellt: »Was muß ich tun, um es in Ordnung zu bringen und weitermachen zu können?«

Wenn man beschlossen hat, daß man einen unangenehmen Anruf tätigen muß, ist es besser, das zu tun, bevor man mit etwas anderem beginnt. Verstöße gegen die Gebote der Integrität nagen mehr an einem, wenn man weiß, daß man sie begangen, aber noch nichts dagegen unternommen hat. In der Regel empfiehlt es sich, darüber zu reden oder etwas zu tun, manchmal auch beides. Wenn Ihr Angestellter Geld vom Konto der Witwe Schmidt veruntreut hat, müssen Sie den fehlenden Betrag ersetzen, den Angestellten entlassen und der Witwe alles mitteilen, was sich zugetragen hat. Handeln Sie schnell, und lassen Sie nichts offen.

Die Reaktion eines ganzheitlichen Managers läßt sich in vier Schritte gliedern.

Erstens: Stehen Sie offen zum Vorgefallenen.

Katastrophen, die sich aus Verstößen gegen die Gebote der Integrität ergeben, kommen am häufigsten davon, daß man

Integrität: Führung durch Ansporn zur Echtheit

ihnen den Rücken zugekehrt und sich am Anfang nicht dazu bekannt hat. Manchmal verschieben wir so etwas ein Leben lang. Ein Beispiel: Ein Mann an der Spitze eines der größten Unternehmen Amerikas hatte eine Affäre mit einer um etliche Jahre jüngeren Frau mit einer starken Ausstrahlung, die Vice-President der Firma war. Als sich das Gerücht verbreitete, sagte ihm seine rechte Hand, er solle offen dazu stehen. Später berichtete dieser, sein Chef habe buchstäblich aus dem Fenster geschaut und das Thema gewechselt! Der Preis dafür, sich nicht offen dazu bekannt zu haben, stieg schnell in die Höhe. Als der Aufsichtsrat Wind davon bekam, dementierte er es hitzig und sagte, er und seine Kollegin seien »einfach Freunde«. Niemand glaubte ihm, und die Zeit förderte den Grund dafür an den Tag. Später, nachdem das Beil gefallen war, heirateten die beiden in aller Stille.
Es bleibt die Frage: Warum sehen wir die Dinge nicht einfach so, wie sie sind, und stehen dazu? Der Grund dafür liegt in der Angst, die die meisten Menschen aus der Schulzeit mitbringen. Wir wollen nicht erwischt werden und dumm dastehen. Ganzheitliche Manager kennen einen Grundsatz, der sie von dieser Angst heilt: Wenn wir Angst davor bekommen, erwischt zu werden und dumm dazustehen, sind wir bereits erwischt worden und stehen bereits dumm da. Wir haben uns selbst erwischt. Also können wir es genausogut fröhlich zugeben und weitermachen.

Zweitens: Akzeptieren Sie die Situation.
Nehmen wir einmal an, daß Sie bei den Steuern geschummelt haben. Der erste Schritt – das Vorgefallene offen zuzugeben – heißt, Abstreiten, Entschuldigen, Rationalisieren und Vermeiden ganz aufzugeben. Sie geben zu, daß Sie geschummelt haben.
Akzeptieren geht weiter. Es bewirkt eine tiefe körperliche

Der ganzheitliche Manager als Führungskraft: Zum Ursprung werden

Empfindung des Geschehens. Sie haben etwas nicht ganz akzeptiert, wenn Sie nicht spüren, daß sich etwas in Ihnen grundlegend verändert hat. Das kann einige Zeit dauern. Es setzt voraus, daß Sie jeden Rest von Widerstand gegen die Wahrheit aufgeben. Sie akzeptieren den Teil in Ihnen, der schummelt. Sie erkennen Ihre Gier an, Ihre Unverantwortlichkeit und alles andere, das Sie zum Schummeln bewogen hat. Sie akzeptieren, daß Ihre Mogeleien eine Entstehungsgeschichte haben, nehmen an, daß sie früher schon vorgekommen sind, und bleiben allem gegenüber aufgeschlossen, das Sie über die Rolle lernen können, die Mogeleien in Ihrem Leben spielen. Akzeptieren geht sehr weit. Es kann statt Minuten Monate dauern. Aber in dem Augenblick, in dem Sie etwas voll und ganz akzeptiert haben, ganz egal, wie lange es dauert, schaffen Sie Raum für eine neue Lebensweise.

Den meisten Menschen stellen sich zwei Schranken in den Weg der vollen Akzeptanz. Erstens wollen wir oft unangenehme oder zweifelhafte Eigenschaften in uns nicht akzeptieren. Aber solange wir uns solche Eigenschaften – »Ich bin Alkoholiker« oder: »Ich habe gemogelt« – nicht eingestehen und akzeptieren, gibt es keinen Freiraum, in dem eine Veränderung stattfinden könnte. Zweitens glauben viele, daß etwas, das sie akzeptieren, ihnen ewig nachhängen wird. Das ist ein großes Paradox. Gerade etwas *nicht* so zu akzeptieren, wie es ist, erhält es aufrecht. Es zu akzeptieren setzt den Prozeß der Veränderung in Gang. Wir sehen es genau verkehrt herum. Wir müssen verstehen lernen, daß ein vollumfängliches Annehmen der Gegebenheiten in allen Einzelheiten das Sprungbrett zur Veränderung ist.

Drittens: Entscheiden Sie.

Jetzt müssen Sie entscheiden. Entscheiden setzt enorm viel Kraft frei, besonders wenn es aus einer echten Akzeptanz entsteht. Sich nicht für eine andere Handlungsweise zu entscheiden führt zu ebenso vielen Verstößen gegen die Gebote der Integrität, wie nicht dazu zu stehen oder sie nicht zu akzeptieren. Die meisten Menschen glauben, wenn sie sich nicht entscheiden, halten sie sich alle Möglichkeiten offen. Der ganzheitliche Manager weiß, daß Vermeiden einer Entscheidung uns verwirrt und in einem energieraubenden Geschehen gefangenhält. Perry Barlow stand einst vor einer schwierigen Entscheidung, als er CEO einer australischen Grundstückserschließungsfirma wurde. Die sechs Monate davor hatte eine Auseinandersetzung um ein Projekt zur touristischen Erschließung, der eine heilige Stätte der Ureinwohner zum Opfer fallen würde, stattgefunden. Bei diesem Kampf hatte der frühere CEO das Gesicht verloren, und Perry sollte nun das heiße Eisen aus dem Feuer holen. Er berief an seinem ersten Arbeitstag eine Pressekonferenz ein und verkündete, daß das Projekt gestrichen werde. Über Nacht wurde er zum Helden der Umweltschützer, und einer von ihnen machte ihn auf ein anderes Stück Land aufmerksam, das für das Projekt hervorragend geeignet war.

Integrität: Führung durch Ansporn zur Echtheit

Viertens: Handeln Sie.

Der vierte Schritt befreit Sie. Er erfordert, daß Sie Ihre Aufmerksamkeit auf das richten, was zu tun ist. Was ist gerade jetzt nötig, um die Situation wieder in Ordnung zu bringen? Nehmen wir einmal an, Sie haben realisiert und akzeptiert, daß Sie bei der Einkommensteuer gemogelt hatten. Sie haben den dritten Schritt getan und sich entschieden, den Fehlbetrag zu bezahlen. Worin besteht nun der vierte Schritt? Den Scheck ausstellen und ihn abschicken? Oder das Finanzamt anrufen und Ihren Entschluß mitteilen? Die Integrität ist so lange nicht wiederhergestellt, wie Sie die notwendige Handlung nicht ausgeführt haben.

Der ganzheitliche Manager als Führungskraft: Zum Ursprung werden

»Gesundfeuern« als Schritt zur Integrität

Wenn Sie die Wahrheit immer deutlicher sagen und Ihre Abmachungen immer besser einhalten, stellen Sie fest, daß Sie von Menschen gebremst werden, die nicht bereit sind, auf einer hohen Integritätsstufe mitzumachen. Sie müssen sich bewußt von solchen Verstrickungen befreien. Ob Sie in der Position sind, Entlassungen anzuordnen oder nicht, es kann Ihnen nur nützen, wenn solche Mitarbeiter aus Ihrem Geschäfts- und Privatleben durch »Gesundfeuern« *(high-firing)* ausscheiden.

Gesundfeuern erfordert Mut, aber es macht sich schnell bezahlt. Die Regeln des Gesundfeuerns sind ganz einfach. Wenn Sie beständig die Wahrheit sagen, hören Sie auf, sich mit Menschen abzugeben, die das nicht tun. Sie »entlassen« Menschen, die nicht auf Ihrer Ebene operieren, und dadurch entsteht ein Freiraum, in den Sie Leute hereinbitten können, die es tun.

Gesundfeuern erfordert, daß Sie sich Ihre Seite der Beziehung anschauen. Dazu ist Ehrlichkeit sich selbst gegenüber nötig hinsichtlich der Gründe, aus denen Sie den Betreffenden in Ihr Leben aufgenommen haben. Für viele unter uns lautet die nackte Wahrheit, daß wir uns selbst behindern, wenn wir rückgratlose Partner mitschleppen. Solange wir mit energieschluckenden Leuten belastet sind, haben wir eine gute Entschuldigung, nicht so erfolgreich zu sein, wie wir es sonst wären.

Bei den meisten Entlassungen seitens nichtganzheitlicher Manager handelt es sich nicht um Gesundfeuern. Meistens wird einer wütend auf einen anderen – oft aus völlig unbewußten Gründen –, und man trennt sich mit viel Gezeter. Dabei beabsichtigt niemand, die Integrität der Beteiligten wiederherzustellen. Beim Gesundfeuern werden Sie sich zu-

Integrität: Führung durch Ansporn zur Echtheit

erst über Ihre Absichten klar, bevor Sie die Verbindung zu Ihrem Gesprächspartner abbrechen. Wenn Sie ein weiches Herz haben, werden Sie ihn wahrscheinlich vorwarnen wollen. Sie setzen sich also mit dem Betreffenden hin und sagen: »Ich will jetzt nur noch für die Wahrheit einstehen und Abmachungen in meinem Leben einhalten. Unser Verhältnis war bisher nicht von Integrität geprägt. Könnten Sie sich bereit erklären, unsere Beziehung von jetzt an auf diese integre Basis zu stellen?« Achten Sie sorgfältig auf seine Reaktion. Wenn er irgendwie abwehrend oder negativ reagiert, wird das wohl nicht funktionieren. Sie können ihm eine Chance geben, sofern Sie das wollen, aber wahrscheinlich werden Sie enttäuscht. Die meisten wünschten, sie hätten den Betreffenden früher und sauberer entlassen.

Ein Kollege erzählte uns, wie er einen solchen Fall erlebt hatte: »Als Sie mir damals sagten, ich solle mir einmal überlegen, wer mir in meiner Umgebung Energie abzapfte, hatte ich gar keine Lust dazu. Als ich darüber nachdachte, weswegen ich mich dagegen wehrte, stieß ich auf ein Loyalitätsproblem, das damit zusammenhing, daß ich jeweils meine Mutter vor meinem Vater in Schutz genommen hatte. Vater schimpfte und beleidigte sie oft, und ich stand für meine Mutter ein und nahm sie in Schutz. Aber mich auf ihre Seite zu stellen hieß, auch einige ihrer schlechten Gewohnheiten zu übersehen, besonders ihre übermäßige Kritik mir und meiner Schwester gegenüber. So oder so zog ich den kürzeren und saß in der Klemme. Es wurde mir klar, daß ich in meiner Firma genau dasselbe tat. Wir hatten einen Vertragspartner, der mich unendlich viel Energie kostete. Er brachte mir zwar indirekt eine Menge Geld ein, aber er hatte auch zahlreiche schlechte Angewohnheiten, mit denen ich mich nicht auseinandersetzte. Er betrog seine Frau ganz offen, worauf ich von zweien seiner Geliebten sehr unangenehme

Anrufe bekam. Ich begriff, daß ich das Muster mit meinen Eltern wiederholte, wenn ich mich nicht offen mit dieser Situation befaßte.

Ich bat ihn zu einer Besprechung und eröffnete ihm, wir würden nicht mehr mit ihm zusammenarbeiten. Er wurde wütend, begann zu schimpfen und verwendete verblüffend ähnliche Ausdrücke wie mein Vater. Aber ich blieb die ganze Zeit über kühl, und am Ende ging ich frohgemut und frei von dannen.

Die eigentliche Wirkung stellte sich unmittelbar nach dem Gesundfeuern ein. Ich hatte mich ein Jahr lang bemüht, zu einer landesweiten Talk-Show eingeladen zu werden, um auf mein Buch aufmerksam zu machen. Das Buch war zwar bereits seit einem Jahr auf dem Markt, aber plötzlich luden mich zwei landesweite Sender innerhalb von drei Tagen ein. Ich kann es zwar nicht beweisen, aber mein Gefühl sagt mir, daß die Entlassung Raum für dieses plötzliche Glück geschaffen hatte.«

Der letztendliche Nutzen

Wenn Sie integer sind, stehen Sie in Einklang mit dem Universum. Wenn Sie sagen, Sie seien um zwölf Uhr mittags vor dem Empire State Building, übernehmen Sie eine Schöpferfunktion im Universum. Sie legen eine Zukunft fest, die noch nicht existiert, und setzen ein Bild in die Welt, in dem Sie sich an diesem Ort befinden. Wenn Sie tatsächlich um zwölf Uhr mittags dort sind, ist Ihre Zeit-Raum-Beziehung mit dem All vollkommen. Stehen Sie nicht dort, sind Sie nicht mehr in Einklang mit Zeit und Raum. Der letztendliche Nutzen der Integrität ist daher die Meisterschaft über Zeit und Raum. Wenn Sie eine Weile lang integer gehandelt haben, sind Sie irgendwie immer zur rechten

Zeit am rechten Ort. Es ist, als würde sich das All Ihren Wünschen beugen.

Integrität: Führung durch Ansporn zur Echtheit

Die folgende wahre Begebenheit macht anschaulich, wie jemand mit viel Integrität sich unbehindert in einer Welt voller Gefahren, Schwierigkeiten und Unsicherheiten bewegt. Das Beispiel hat uns die Unternehmensberaterin Susan Snowe erzählt. Snowe hielt ein Seminar über Integrität in Südkalifornien ab. Eine Bedingung für die Teilnahme war radikal und zwingend: Wenn man irgendwann im Lauf der Woche zu spät kam, flog man aus dem Programm. Punkt. Ungeachtet dessen, welche Gründe oder Entschuldigungen man vorbrachte. Da die Schulung sehr teuer war, waren alle äußerst motiviert, Integrität zu zeigen.

Susan berichtete: »Eines Abends nach der Pause für das Abendessen stand eine Frau auf und erzählte die folgende Begebenheit. Sie hatte sich bereit erklärt, in der Pause eine Besorgung zu machen, und war spät dran. Als sie mit einer Tüte voller Lebensmittel aus einem Geschäft kam, sprach sie ein Mann mit einem Messer an und wollte Geld von ihr. Ohne zu überlegen, schaute sie ihn gerade an und platzte heraus: ›Ich habe jetzt keine Zeit dafür. Ich habe eine Abmachung, die ich einhalten muß. Ich muß gehen.‹ Sie lief zu ihrem Wagen und flitzte davon, und der Räuber blieb verblüfft auf dem Parkplatz stehen und sah dem davonfahrenden Auto nach.

Sie kam rechtzeitig für den Abendblock des Seminars zurück, ohne beraubt worden zu sein, in völliger Integrität.«

KAPITEL 2

Vision

Führung durch Vermittlung einer klaren Intention

Integrität kommt vor der Vision. Die Geschichte hat gezeigt, wie ungeheuer hoch der Preis einer Vision ohne Integrität ist. Ein charismatischer Führer wie Hitler begeistert seine Leute mit seiner Vision, führt sie aber ins Verderben, weil die Vision nicht auf Integrität fußt, sondern im Kern verdorben ist. Wenn Ihre Vision keine durch und durch integre Basis hat, können Sie auf der ganzen Linie Katastrophen erwarten. Fangen Sie damit an, sich auf Integrität zu besinnen, dann sind Ihre Visionen eine große positive Kraft in der Welt.

> *Die einzigen Grenzen sind, wie immer, die Grenzen der Visionskraft.*
>
> JAMES BROUGHTON

Integrität wirkt sich wohltuend auf die Gabe der Zukunftsvision aus. Sie schafft Ordnung in Ihnen, und wie bei einem gut eingestellten Auto wird das Fahren leichter. Mit einer unerschütterlichen Integrität können Sie die gegenwärtige Lage klar erfassen, was Ihnen zur Einsicht verhilft, worauf die Dinge hinauslaufen. Vor allem können Sie feststellen, ob die eingeschlagene Richtung dazu führt, daß die Betroffenen – Sie eingeschlossen – innerlich eingeengt werden, verdorren oder gar eingehen. Es gibt keine wirksamere Frühwarnung, daß Sie in die falsche Richtung gehen. Wenn Sie ein ganzheitlicher Manager sein möchten, verbinden Sie

Ihre Meisterschaft der Integrität mit der sorgfältigen Erforschung der Fähigkeit zur Vision.

Vision: Führung durch Vermittlung einer klaren Intention

Die meisten Firmenpleiten sind auf mangelnde Visionskraft zurückzuführen. Umgekehrt ist eine klare Vision oft der erste Schritt auf dem Weg zum Erfolg. Viele der erfolgreichen Menschen, denen wir begegnet sind, haben ihren Weg zum Erfolg mit einer Vision begonnen. Manchmal war es etwas ganz Einfaches wie die grundlegende Frage: »Was will ich eigentlich?« Bei anderen war es ein umfassenderer Prozeß, bei dem sie sich eine erwünschte Zukunft in der Phantasie ausmalten.

Visionäre haben oft Schwierigkeiten in Unternehmen, wenn sie nicht ganz oben sind (und manchmal sogar dann). Einige der größten Visionäre, die wir kennengelernt haben, waren oft frustriert, weil sie mit zwei oder drei Ebenen unkreativer Manager ohne Visionskraft zusammenarbeiten mußten. Manager schaffen es häufig blendend, Ideen im Keim zu ersticken; sie sind aber nicht so gut darin, die kreativen Ideen zu fördern und ihnen zum Erfolg zu verhelfen. Visionäre müssen also auch hier einige Verantwortung übernehmen. Wir haben viele von ihnen kennengelernt, die zu dünnhäutig waren, um an ihre Visionen zu glauben, wenn sie auf Widerstand stießen.

> *Wenn du davon träumen kannst, kannst du es auch erreichen.*
>
> WALT DISNEY

Es gibt verschiedene gute Gründe, weswegen visionäre Fähigkeiten entwickelt werden sollten. Ohne Visionskraft fehlt Ihnen die proaktive Ausrichtung, um die herum Sie die Ihnen zur Verfügung stehenden Mittel anordnen. Vision läßt Sie eine Wirklichkeit kreieren, statt daß Sie lediglich reagieren. Ein weiterer Vorteil bewußter Vision liegt in der Art des Umgangs mit Rückschlägen. Wenn Sie klare Zielvisionen haben, erleben Sie auf dem Weg zu Großem unweigerlich Rückschläge und Hindernisse. Wenn Ihre Vision genügend stark ist, betrachten Sie Querschläger nicht als Hindernisse, sondern als Herausforderungen, die sorgfältig zu erforschen sind, während man weiterhin Kurs hält. Manche geben bei Rückschlägen gleich auf, weil ihre Vision nicht stark genug ist.

Jeder ganzheitliche Manager, den wir für dieses Buch befragt haben, war ein geübter Visionär. Obwohl alle ganz verschiedene mentale Techniken anwendeten, wußten sie sich samt und sonders in die Zukunft zu versetzen und konnten die nötigen Schritte beschreiben, um dorthin zu gelangen. Manche unserer ganzheitlichen Manager hatten diese Begabungen schon von Kind auf, andere hatten sie sich bewußt erarbeitet. Ganzheitliche Manager sind auch Meister von etwas Umfassenderem, das wir Intention nennen wollen. Und damit wollen wir beginnen.

Was ist Intention?

Intention ist eine große Triebkraft. Das Wort kommt aus dem Lateinischen und bedeutet laut Duden »Absicht; Vorhaben; Anspannung geistiger Kräfte auf ein bestimmtes Ziel«. Sie ist die Kraft, die sowohl den Weg als auch das Ziel durchdringt.

Die folgende Begebenheit aus der Überlieferung des christlichen Mittelalters verdeutlicht, was Intention ist: Ein Reisender kam zu einer Baustelle und sah zwei Männer, die Steine schleppten. Der eine arbeitete lustlos und mit einem griesgrämigen Gesicht, der andere aber sang fröhlich, während er eifrig Stein um Stein herbeitrug. »Was tust du?« fragte der Reisende den Griesgram. »Ich schichte Steine auf«, lautete die Antwort. »Was tust du?« fragte er darauf den emsigen Arbeiter. »Ich baue eine Kathedrale«, antwortete dieser. Das ist Intention bei der Arbeit.

Vision: Führung durch Vermittlung einer klaren Intention

Intention geht der Vision voraus und liefert ihr die Inspiration. Die Intention gehört zum Bereich zwischen Potential und Handlung, teilt die diffuse potentielle Energie ein und lenkt sie so, daß das jeweilige Ziel verwirklicht wird. Intention ist auch die Fähigkeit, einen Rahmen für die Vision zu schaffen, innerhalb dessen die einzelnen Visionen ihren Platz finden. Inspirierte Führungskräfte haben die Fähigkeit, von dem Bereich der Intention aus zu arbeiten, so daß bereits ihre Ausstrahlung visionäre Denkprozesse bei Mitarbeitern auslöst. Das ist wichtig, weil große Führungskräfte nicht Nachfolger, sondern weitere Führungskräfte hervorbringen wollen. Alte Regeln wie »Das Management überlegt sich die Arbeit, die Arbeiter führen sie aus« sind eindeutig überholt. Im Idealfall sollte jeder in der Lage sein, seine visionären Fähigkeiten in die anstehende Arbeit einfließen zu lassen. Aber viele, sogar die besten und hellsten Köpfe, sind dadurch behindert, daß sie in den Fähigkeiten der Intention und des visionären Sehens nicht geschult sind. Sie müssen sich und ihre Mitarbeiter aus eigener Kraft auf eine Ebene des Könnens hinaufhissen, auf der sie es schließlich beherrschen.

Wenn wir die eingeschlagene Richtung nicht ändern, gelangen wir wahrscheinlich dorthin, wohin wir gehen.
Altes chinesisches Sprichwort

Denken Sie sich die Intention als Ihren generellen Ansatz, etwas Bestimmtes zu erreichen, nicht als Landkarte mit allen Einzelheiten. Sie ist ein großes Ziel, das zugleich meßbar und dennoch so weiträumig ist, daß es Menschen anspornt, darin selbst visionäre Kräfte zu entfalten. Intention ist das erwünschte Ergebnis des Spiels, sowohl hinsichtlich des Inhalts als auch der Prozesse. Sie wirkt Wunder. Wenn Sie die Entscheidung treffen, dann liefert Ihnen Ihr Unbewußtes das Nötige dazu.

Interdisziplinäre Teams von Monsanto haben eifrig an ihrer

Der ganzheitliche Manager als Führungskraft: Zum Ursprung werden

Intention herumgefeilt, bis sie sie so reduziert hatten, daß alle dahinterstehen konnten: »Reichlich zu essen und eine gesunde Umwelt.« Bei Komatsu, dem japanischen Hersteller von Spezialmaschinen für Erdarbeiten, haben ganze Teams ziemlich viel Zeit im Unternehmen damit verbracht, ihre Intention auf einen klaren Nenner zu bringen. Schließlich faßten sie diese in nur zwei Worte: »Caterpillar einkreisen!« Diese Intention drückt aus, wie sie als gesamtes Unternehmen dastehen wollten. Sie drückt auch den Wettbewerbsgeist aus, mit dem sie ihr Ziel zu verfolgen beabsichtigten. Mit diesen zwei Worten hatten sie überdies eine Intention formuliert, die gut als Sammelruf paßte; Sie sollten Ihre Intention auch so knapp ausdrücken können. Ein weiteres gutes Beispiel, das von einem Coca-Cola-Team stammt: »Eine Cola in Griffnähe für jeden auf der Welt.« Ob Sie nun Cola mögen oder nicht, es kommt etwas geistig und körperlich in Bewegung, wenn Sie diese Intention hören.

> *Das Geheimnis des Lebens besteht darin, eine Aufgabe zu haben, etwas, dem man sein ganzes Leben widmet ... und das wichtigste: Es muß etwas sein, das man auf keinen Fall schon kann!*
>
> HENRY MOORE

Ist die Intention klar, schaffen Sie sich damit ein elektrisches Feld von Möglichkeiten, das tatsächlich Kreativität aus Ihnen und allen in Ihrer Umgebung herauslockt. Das ist die eigentliche Stärke der Intention. Sie spornt Sie auf eine unvorhersehbare Weise an. Als die Intention »Caterpillar einkreisen!« bei Komatsu entwickelt wurde, wußten sie nicht, wie sie das im einzelnen bewerkstelligen sollten. Im Gegenteil, sie waren weit davon entfernt. Eine gute Intention erkennt man daran, daß sie über die gegenwärtigen Möglichkeiten hinausgeht. Als den Leuten bei Komatsu ihre Intention immer klarer wurde, entwickelten sie nach und nach eine Technologie und Marketingstrategien, die der Größe ihrer Intention angemessen waren.

Wenn Sie bereits genau wissen, wie Sie Ihr Ziel erreichen, brauchen Sie eine größere Intention. Wachstum und Begeisterung sowohl auf der persönlichen als auch auf der Firmenebene entsteht aus dem Streben nach Dingen, die noch eine Woche zuvor unmöglich erschienen.

Vision: Führung durch Vermittlung einer klaren Intention

Wie man eine starke Intention entwickelt

Kate hatte einmal ein großes Projekt zu leiten, bei dem Führungskräfte der sechs größten Halbleiterlieferanten und ihre acht größten Vertriebsfirmen gemeinsam daran arbeiten wollten, einen Teil ihrer Daten zum Nutzen aller Beteiligten zusammenzutragen.

Kate berichtete: »Ich war ganz aufgeregt, weil es sich um eine völlig bahnbrechende Kooperation handelte. Als wir bereits damit begonnen hatten, bekam ich eines Tages einen Anruf, der größte Lieferant ziehe sich zurück. Ich war sehr enttäuscht. Auch wenn das Vorhaben immer noch nützlich war, schränkte der Rückzieher des wichtigsten Mitspielers dieses Projekt zu einer beispielhaften Veränderung doch erheblich ein. Es tat mir wirklich in der Seele weh, weil ich mir so gewünscht hatte, daß sie sich zusammentun würden.

> *Wir brauchen mehr Leute, die sich auf das Unmögliche spezialisieren.*
>
> THEODORE ROETHKE

Aber wir machten trotzdem weiter, und ich formulierte meine Intention innerlich so, daß das Projekt zu dem Erfolg führen würde, den wir uns erhofften, egal, wer mitmachte oder nicht. Meine Intention war, daß alle Mitspieler dabei gewinnen sollten und ebenso das Unternehmen, das sich zurückgezogen hatte. Ich nahm mir vor, die Ergebnisse seinen Führungskräften mitzuteilen, auch wenn sie nicht mit den anderen hatten mitmachen wollen. Nach einigen Monaten hatten wir die meisten Daten bearbeitet, aber dabei waren wir auf ein Softwareproblem gestoßen und wußten nicht, wie wir es beheben sollten. Als wir uns darüber den Kopf zerbrachen, kam ein Anruf vom Leiter des Unternehmens, das sich zurückgezogen hatte: Sie hatten sich doch noch zum Mitmachen entschlossen. Alle waren hoch beglückt und damit einverstanden, noch sechs Wochen dranzuhängen, bis die zusätzlichen Daten aufgenommen waren, damit wir einheitliche Ergebnisse vorweisen konnten. Im Lauf dieser sechs Wochen lösten wir unser Softwareproblem, und damit hatte sich die Wartezeit als Segen für alle Beteiligten erwiesen.«

Hüten Sie sich vor verdeckten Intentionen

Die meisten Menschen haben Wertvorstellungen, die ihnen heilig sind, etwa ein glühendes Pflichtgefühl, absolute Integrität und warmherzige Achtung anderen gegenüber. Aber wir handeln nicht immer diesen hochstehenden Intentionen zufolge. Der Weg in die Hölle, heißt es, sei mit guten Vorsätzen gepflastert. Weshalb ist das so?

Es liegt daran, daß wir verdeckte Absichten haben, die das Licht scheuen und über die wir stolpern, wenn wir die einmal gewählte Richtung einschlagen. Die einzige Möglichkeit, uns von solchen verdeckten Absichten zu lösen, liegt darin, sie ans Tageslicht zu bringen und offen zuzugeben, daß wir sie haben.

Ein ganzheitlicher Manager, den wir befragten, erzählte folgende Begebenheit: »In der gesamten Entwicklungszeit [eines neuen technologischen Geräts] konnte ich einen Termin nach dem anderen nicht einhalten. Der CEO brachte es ständig wieder aufs Tapet, und ich sagte immer wieder: ›Das sieht mir gar nicht ähnlich‹ und: ›Ich habe doch früher Termine immer eingehalten.‹ Schließlich hörte ich eines Abends

Vision: Führung durch Vermittlung einer klaren Intention

nach einem Beratungsgespräch auf, mich zu verteidigen, und stand zu meiner negativen Intention. Ich sagte: ›Gut, ich habe mich also entschieden, Termine nicht einzuhalten. Das kann man an den Ergebnissen ablesen. Ich habe demnach die Intention, Termine nicht einzuhalten.‹ Weswegen sollte ich denn eine solche Intention haben? Etwa zwei Sekunden nachdem ich mir diese Frage gestellt hatte, ging mir ein Licht auf. Dieses Projekt war das größte meiner ganzen Laufbahn, und ich wollte in den Augen des CEO, der eine Vaterfigur für mich war, damit unbedingt Erfolg haben. Aber gleichzeitig stülpte ich ihm auch das kritische Gesicht meines Vaters über. Es war, als versuchte ich, es so anzustellen, daß ich in seinen Augen versagte. Ich begriff, daß Erfolg meine bewußte und Mißerfolg meine unbewußte Intention war. Weil ich in den Augen meines Vaters so oft versagt hatte, hatte ich mir eine Intention zum Versagen gesetzt, und diese geriet mir nun in den Weg.«

Einer unserer Klienten war ein landesweit bekannter Friedensaktivist und hatte eine politische Organisation gegründet. Seine bewußte Intention war Gewaltlosigkeit und Harmonie in der Welt, aber in seiner Organisation gab es Schwierigkeiten wegen seiner heftigen Wutausbrüche. Zudem hatte ihn seine Frau verlassen, weil er sie mehrmals geschlagen hatte. Aus seinen Handlungen ging deutlich hervor, daß er eine verdeckte Absicht hegte, anderen zu schaden, die seine erklärte Intention, Frieden zu verbreiten, untergrub.

Er konnte ganz selbstverständlich seine Intention für den Weltfrieden verkünden und aus dem Stegreif eine Rede dazu halten, aber er wurde ärgerlich, als wir ihn aufforderten, zu seiner Intention zur Gewalttätigkeit zu stehen. Er brachte Sätze wie »Ich bin dem Weltfrieden verpflichtet« ganz leicht über die Lippen, doch es fiel ihm schwer zuzugeben: »Ich

fühle mich verpflichtet, mich auch mit Gewalt durchzusetzen.« Aber mit dieser Intention verdarb er sich das Leben.
Es gibt nur eine Möglichkeit, herauszufinden, welche unbewußten Intentionen man hegt: Man schaut sich die negativen Folgen der eigenen Handlungen an. Jedem ganzheitlichen Manager muß dieser Grundsatz in Fleisch und Blut übergehen. Im Fall unseres Friedensaktivisten besagten die Folgen: »Ich habe mir versprochen, mich gewalttätig zu äußern.« Nach einigen Beratungstagen, die uns ganz schön ins Schwitzen brachten, hatte er genügend Mut gefaßt, um sowohl seine gewalttätigen als auch friedlichen Seiten anzuerkennen. Er ging seiner Gewalttätigkeit auf den Grund und sah sich seine gequälte Beziehung zu seinem alkoholischen und schimpfenden Vater genauer an. Er kam auch dahinter, daß er zum Teil aus Reaktion gegen seinen Vater Friedensaktivist geworden war, um »es ihm zu zeigen«.
Erst als er sich das alles eingestanden hatte, hörten seine heftigen Ausbrüche auf. Die Wogen in seiner Organisation und seiner Ehe glätteten sich, als er sich Klarheit über seine verdeckten Intentionen geschaffen hatte.

Die Intention der Ganzheit

Wenn Sie im spirituellen Bereich arbeiten wollen, muß Ihre Intention ganz klar auf Ganzheit und Verbindung gründen. Verbal läßt sich eine solche Intention etwa wie folgt ausdrücken: »Ich beabsichtige bewußt, daß dieses [Projekt oder Unternehmen] unserer eigenen und der Ganzheit unserer Umgebung nützt.« Haben Sie von Anfang an eine Metavision der Ganzheit vor Augen, entwickeln sich Projekte reibungsloser. Wenn Sie vorgeben, keine Verbindung zum Ganzen zu haben, hören Sie dennoch nicht auf, verbunden zu sein. Sie fühlen sich einfach nur nicht mehr verbunden.

Ganzheitliche Manager haben gelernt, sich automatisch zu fragen: Inwieweit nehme ich nicht am Ganzen teil? Welcher andere arbeitet nicht aus einer Achtung vor dem Ganzen? Wo wird die Verbundenheit unterbrochen oder behindert? Rick Younts, Führungskraft bei Motorola, erzählte: »Bevor ich meine internationale Rolle übernahm und es mit so vielen mir fremden Kulturkreisen zu tun hatte, war ich ziemlich kurzsichtig. Erst als ich Wälder mit 4000 Jahre alten Bäumen zu Gesicht bekam, verstand ich, wie lange das Leben eigentlich schon existiert, wie hinfällig es ist und wie wichtig, daß wir harmonisch mit der Natur zusammenleben.« Das ist Ganzheitsbewußtsein, und man kann sich vorstellen, wie stark es künftige Visionen dieses Geschäftsmannes bei seiner Arbeit an neuen Projekten beeinflußt.

Vision: Führung durch Vermittlung einer klaren Intention

Die Intention des Gleichgewichts

Gleichgewicht ist die zweite Intention des ganzheitlichen Managers. Auf dem Weg zu unserer auserwählten Vision müssen wir auf das Gleichgewicht zwischen uns und unserem Unternehmen achten. Gleichgewicht ist ein Begriff, der die Weltsicht des ganzheitlichen Managers durchdringt.

Bei den Taoisten halten sich Yin und Yang überall in der Natur ewig die Waage, und es ist unsere Aufgabe als Menschen, uns ebenfalls auf dieses Gleichgewicht einzustimmen.

Ein Hauptbegriff in der Weltsicht der Navajo – *hozho* – besagt, daß wir im Gleichgewicht mit uns und mit der Erde sein sollten, um nicht beiden Schaden zuzufügen.

Der erste Frieden – und der wichtigste – ist jener, der in der Seele der Menschen entsteht, wenn sie ihre Beziehung – ihre Einheit – mit dem Universum und allen seinen Mächten erkennen und auch, daß der Große Geist in der Mitte des Universums weilt und daß diese Mitte überall ist. Sie ist in jedem von uns.

SCHWARZER HIRSCH

Der ganzheitliche Manager als Führungskraft: Zum Ursprung werden

Geschäftsleute geraten gewöhnlich in mehreren Bereichen aus dem Gleichgewicht.

- *Logik und Gefühl.* Die Natur hat uns das logische Denkvermögen mit Sitz im Neokortex geschenkt, und sie hat uns auch mit Gefühlen ausgestattet, die unterhalb des Kortex (der Hirnrinde) im limbischen System entstehen. Die Logik ist für den geschäftlichen Erfolg unerläßlich, aber Geschäftsleute geraten in Schwierigkeiten, wenn sie ihren Gefühlen den Rücken kehren. Gefühle gab es lange vor der Entwicklung der Logik, und deswegen sollte man besonders darauf achten, den Kontakt mit ihnen aufrechtzuerhalten. Den ganzen Tag über flimmern Emotionen wie Angst, Ärger und Trauer über die Leinwand unseres Bewußtseins. Sie brauchen nicht jede einzelne der ganzen Welt mitzuteilen, aber Sie selbst sollten wissen, was Sie empfinden.
- *Zuhause und die Arbeit.* Egal, auf welcher Stufe der Unternehmensleiter Sie stehen, sollten Sie ständig sorgfältig darauf achten, daß die Anforderungen der Arbeit Ihr Familienleben nicht auffressen. Je höher Sie klettern, desto unumgänglicher ist es, daß Sie täglich unbeschwert und offenen Herzens zur Haustür aus und ein gehen. Bei unserer Beratungstätigkeit haben wir festgestellt, daß das fehlende Gleichgewicht zwischen Zuhause und der Arbeit das meistbesprochene Thema unter Managern ist. Ob Single oder verheiratet, ob man in einer Villa oder einer Einzimmerwohnung wohnt, alle brauchen ein Leben außerhalb der Arbeit. Man gerät leicht aus dem Gleichgewicht, wenn man die Anforderungen der heutigen Unternehmen bedenkt.
- *Streben und Genießen.* Ein verbissener Mund und eine gefurchte Stirn sind nicht Zeichen von Eifer, sondern von mangelndem Gleichgewicht. Hängen Sie so sehr am Er-

gebnis, daß Sie den Weg dahin nicht genießen können? Wenn ja, versuchen Sie herauszufinden, wie Sie es leichter nehmen und mehr Spaß daran haben könnten. Vielleicht stellen Sie sogar – wie viele vor Ihnen – fest, daß Sie mehr schaffen, wenn Sie es etwas lockerer nehmen. Einer der unmittelbarsten Hinweise auf die Gesundheit einer Organisation ist für uns als Berater das Ausmaß an Spaß, den die Leute offenbar haben. Sie tun ihre Arbeit und sind dabei wohlgelaunt. Zur Atmosphäre in erfolgreichen Firmen gehört etwas, das wir »Spaßgesumme« nennen. Das »Spaßgesumme« setzt sich aus entspannter Geschäftigkeit, freundlichem Umgang miteinander, Lachen und Einsatz zusammen. Etwas vom Spannendsten für Unternehmensberater ist, zu sehen, wie ein solches »Spaßgesumme« beim Gesunden einer Firma einsetzt und sich immer mehr verbreitet.

Die Intention zum Gleichgewicht hat das Leben des Grundstückserschließers und Unternehmers John Fine mit Sitz in Kalifornien und Colorado ebenfalls verändert. »In den ersten zehn Jahren meines Berufslebens konzentrierte ich mich so auf meine Projekte, daß ich mir kaum Zeit nahm, Luft zu holen. Auch bei Bergwanderungen entwarf ich noch Projekte und schmiedete Pläne. Dann brachten mich zwei Ereignisse in der gleichen Woche zu Besinnung. Beim Joggen (und der unvermeidlichen Erörterung eines Geländeprojekts mit meinem Mitjogger) hatte ich plötzlich Schmerzen in der Brust. Ich bekam panische Angst und ging zum Arzt, aber es stellte sich heraus, daß ich nicht an einer Herzschwäche, sondern an einem emotionalen Problem litt. Meine Frau hatte mir ein Jahr lang gesagt, ich solle meine Gefühle ernster nehmen und herauszufinden versuchen, weshalb ich so explodiere, wenn die Dinge sich nicht so entwickelten, wie ich es wollte. Als

Der ganzheitliche Manager als Führungskraft: Zum Ursprung werden

ich nach dem Arztbesuch nach Hause kam und ihr sagte, mit meinem Herzen sei alles in Ordnung, erwiderte sie, es sei überhaupt nicht in Ordnung. Ihrer Meinung nach halte ich so viel Ärger und Traurigkeit unter Verschluß, daß es keine Rolle spiele, wie viele Einkaufszentren ich baute. Ich würde nie glücklich sein, wenn ich nicht in mich ginge. Sie fügte hinzu, sie hätte sich überlegt, aus der Beziehung auszusteigen, weil ich nie wirklich da war.

Sie sagte: ›Ich habe dich nicht geheiratet, um mich in der Öffentlichkeit mit dir zu zeigen. Ich will eine richtige Ehe.‹

Ich war wie vom Donner gerührt und setzte mich im Wohnzimmer auf den Boden, um darüber zu brüten. Etwa zehn Sekunden nachdem ich mich hingesetzt hatte, fing ich an zu weinen. Ich glaube nicht, daß ich je geweint hatte, seit ich ein Kind gewesen war. Ich hätte mit dem Weinen nicht aufhören können, auch wenn ich es gewollt hätte. Da saß ich nun und gestand meiner Frau stammelnd, wie ich mich um meine Jugend betrogen fühlte. Mein Vater hatte einen Herzanfall gehabt, als ich elf Jahre alt war, und ich hatte seine Rolle in der Familie übernommen. Ich hatte als Vierzehnjähriger schon so viele Falten wie mit vierundvierzig.

Zum Glück versuchte Annie nicht, mich am Weinen zu hindern oder mir zu sagen, alles würde wieder gut. Als es nach etwa zwanzig Minuten vorbei war, stand ich auf und schrieb einige neue Gelübde auf, wie ich sie nannte. Ich schwor mir, soviel zu spielen, wie ich arbeitete, soviel zu lieben, wie ich arbeitete, und soviel zu lächeln, wie ich finster dreinblickte. Das hängte ich in meinem Büro und in meiner Bude an die Wand. Ich bat Annie um sechs Monate, um diese Gelübde einzulösen. Wenn es mir nicht so gelang, daß es für sie sichtbar wurde, würden wir uns im Guten scheiden lassen. Ich war noch nie so stolz wie an dem Tag, als diese sechs Monate um waren.

Ich fragte: ›Nun?‹ Darauf umarmte sie mich und meinte, ich wäre ganz anders geworden. Das war vor zwanzig Jahren, und wir sind noch immer beisammen.«

Vision: Führung durch Vermittlung einer klaren Intention

Eine unmittelbare Folge dieser persönlichen Wandlung war, daß John die Intention zum Gleichgewicht in seiner Firma einführte. Der Freitagmorgen begann jeweils mit einer kleinen »Gleichgewichts«-Konferenz, zu der jeweils Gastredner verschiedenster Herkunft und Ausbildung eingeladen wurden, um über das Thema Ganzheit und Gleichgewicht zu sprechen. Auch die einmal jährlich stattfindenden Arbeitsseminare außerhalb der Firma hatten dasselbe zum Thema. Zum ersten Mal wurden zudem die jeweiligen Lebenspartner eingeladen, und Gleichgewicht genoß auch bei der Auswahl der Seminarorte oberste Priorität.

Die Intention der Dankbarkeit

Ihre Visionen lassen sich reibungsloser verwirklichen, wenn sie aus einer dankbaren Haltung entstehen. Viele halten es mit der Dankbarkeit verkehrt herum: Sie sind erst zum Dank bereit, wenn ihnen etwas Gutes widerfahren ist. Ganzheitliche Manager kennen den Grundsatz: Seien Sie zuerst dankbar – führen Sie dankbar –, und Sie ernten doppelte Dankbarkeit. Jeder neue Schritt in die Zukunft wird mit Dankbarkeit dafür getan, daß die Dinge jetzt gerade so stehen. Und wenn sie Ihnen nicht behagen? Um so mehr haben Sie Grund, dafür dankbar zu sein, denn Veränderung beginnt damit, gegenwärtige Gegebenheiten voll und ganz zu akzeptieren. Der ganzheitliche Manager denkt: Die Dinge sind, wie sie sind. Wir wollen uns aufmachen und sie ändern. Der Durchschnittsmensch denkt: Die Dinge können unmöglich so sein wie gerade jetzt! Oder: Wer trägt die Schuld daran, daß die Dinge sich gerade so verhalten? Ver-

Der ganzheitliche Manager als Führungskraft: Zum Ursprung werden

leugnung und Schuldzuweisung haben keinen Platz im Handwerkszeug des ganzheitlichen Managers. Ein klarer Blick für die Gegenwart, gepaart mit Zukunftsvision, das sind die Mittel, deren er sich bedient, um in einer sich ständig verändernden Welt zu navigieren.

Die folgende Frage ist stets hilfreich: Was könnte ich in meinem Leben und in meiner Firma tun, um eine dankbare Grundeinstellung zu fördern? Wie würden Sie jedem Menschen, mit dem Sie näher zu tun haben, Ihre Anerkennung ganz persönlich ausdrücken? Wir haben zum Beispiel in einer der Firmen der Autoren der Dankbarkeit besondere Beachtung geschenkt.

Dazu meint Gay: »Wir arbeiten gemeinsam mit bunt zusammengewürfelten Menschen, und daher stellt sich uns jeweils die Frage, wie wir unsere Dankbarkeit ihnen gegenüber zeigen sollen, daß sie auf jeden einzelnen abgestimmt ist. Eine unserer Mitarbeiterinnen reist sehr gern. Am Ende eines exzellenten Geschäftsjahres haben wir ihr als Prämie eine Reise nach Hawaii geschenkt. Einer anderen ist Weiterbildung sehr wichtig. Ihr haben wir bei der Ausbildung geholfen und ihr auch die nötige Zeit dafür eingeräumt. Es fällt uns immer etwas ein, wenn wir die Frage stellen: ›Wie könnten wir unsere Dankbarkeit am besten zeigen?‹ Und dann besprechen wir die Einzelheiten mit ihnen.«

Fangen Sie damit an, daß Sie sich einen Augenblick besinnen: Wem in Ihrem Leben gegenüber empfinden Sie die größte Dankbarkeit? Wie könnten Sie Ihre Dankbarkeit den Menschen in Ihrer Umgebung am besten zeigen? Nehmen Sie sich gleich jetzt einen Augenblick Zeit, um Ihre Dankbarkeit diesen Menschen gegenüber zu spüren.

Der Tyrann »ist«

Vision: Führung durch Vermittlung einer klaren Intention

Vielleicht gibt es einige Visionäre, die auf die Welt kommen, ohne dem Tyrannen »ist« unterworfen zu sein. Alle anderen müssen sich davon befreien. Wie sieht diese Tyrannei aus? Sie besteht in einer Weltsicht, die Sie in einem begrenzten Rahmen von Möglichkeiten gefangenhält. Das funktioniert so: Viele handeln aus einem visionsabwürgenden Aberglauben heraus, ihre Deutung der Realität sei dasselbe wie die Realität. Als die Dampflokomotive erfunden wurde, ermöglichte es ein technologischer Durchbruch, daß sie 50 Stundenkilometer fahren konnte. Als Geschwindigkeiten zwischen 60 und 70 Stundenkilometern in Sicht kamen, brach sogar in der medizinischen Literatur der damaligen Zeit eine Debatte aus. Ein gelehrter Arzt schrieb dazu, es sei allgemein bekannt, daß der menschliche Körper bei 60 Stundenkilometern explodiere. So »sind« die Dinge nun mal, sagte er.

> *Achten Sie darauf, welchen Unterschied es macht, ob jemand sich sagt: »Ich habe dreimal versagt« oder ob er sagt: »Ich bin ein Versager.«*
>
> S. I. HAYAKAWA

In der Regel hat dieser Tyrann eine Firma fest im Griff, wenn alle die Gegebenheiten gleich deuten.

»Mit dieser Firma geht's abwärts.«
»Wir sind in einer Rezession.«
»Der President ist als Führungskraft ineffizient.«
»Dieses Problem ist unlösbar.«

Wenn uns der Tyrann »ist« in der Zange hat, ist jede Möglichkeit zur Änderung dahin. Wir sehen den jeweiligen Zustand als unveränderbar an.

Visionäre Führungskräfte befreien sich von dieser Tyrannei und bringen andere dazu, sich ebenfalls davon frei zu machen. Sie achten sorgfältig auf alle Punkte, in denen sie aus

Der ganzheitliche Manager als Führungskraft: Zum Ursprung werden

einer »Ist«-Haltung heraus handeln. Sie treten einen Schritt zurück, lösen ihre Deutung von der Realität und finden heraus, was machbar ist.
Fangen Sie damit an, andere Tätigkeitsworte zu gebrauchen. Vermeiden Sie »ist« und »sind«. Versuchen Sie es mit: »Ich bin nicht einverstanden mit dem Beschluß des President ...« oder: »Der President hat bei den Tarifverhandlungen nicht den Erfolg gehabt, den er sich versprochen hatte«, statt zu sagen: »Der President ist eine ineffiziente Führungskraft.« Wenn Sie das »ist« weglassen, schaffen Sie Raum für eine mögliche Veränderung. »Ist« und »sind« lassen keine Handlungsfreiheit zu, weil sie einen Zustand feststellen. Wenn Sie Ihre Wahrnehmung der Dinge von »ist« und »sind« loseisen, schreiten Sie zur Tat: Was kann der President unternehmen, um die Tarifverhandlungen voranzutreiben? Was können Sie zu seiner Unterstützung tun?

Der Tyrann »weil«

Es gibt noch einen Tyrannen, mit dem Sie in Ihrem Unternehmen und in sich zu kämpfen haben. Er heißt »weil«.

»Ich bin zu spät gekommen, weil mein Wecker nicht geläutet hat.«

»Die Gewinnzahlen gehen zurück, weil wir in einer Rezession sind.«

»Ich lasse mich scheiden, weil meine Frau zuviel herumnörgelt.«

»Frauen sind schlechte Führungskräfte, weil sie zu gefühlsbetont sind.«

»Sie können anderen gegenüber nicht ehrlich sein, weil es den Beziehungen schadet.«

Vision: Führung durch Vermittlung einer klaren Intention

Wenn Sie »weil« sagen, geben Sie vor, den Grund für ein Geschehen zu kennen. Sie rechtfertigen Ihre Handlungsweise mit einem äußeren Faktor. Und wissen Sie was? Manchmal haben Sie recht. Aber in den meisten Fällen ist der vorgebrachte Grund nicht der einzige oder gar wichtigste Grund für das Geschehen. Wenn Sie glauben, Sie seien zu spät dran, weil Ihr Wecker nicht geläutet hat, übersehen Sie andere interessante Möglichkeiten. Vielleicht sind Sie spät dran, weil ein Selbstsabotageprogramm in Ihnen abläuft. Oder weil sie nicht wirklich tun wollen, was Sie tun sollen. Wenn Sie sich auf ein bestimmtes »Weil« versteifen, kommen Sie nicht weiter. Wenn Sie »weil« sagen, hinterfragen Sie die Dinge nicht mehr.

»Weil« tötet Visionen ab. Einer der häufigsten Sätze, die man auf Sitzungen hört, in denen eine Vision zum ersten Mal erörtert wird, lautet: »Wir können das nicht machen, weil ...« Es kann ein Dutzend Gründe dafür geben: nicht genug Geld, nicht genügend Mittel, nicht genügend Zeit. Ein anderer Satz, den man heutzutage häufig zu hören bekommt: »Mein Plan ist in der Schublade gelandet, weil ich nicht bereit war, in der Firmenpolitik mitzumischen.«

»Weils« sind gefährlich; sie halten einen davon ab, in sich zu gehen. Ein »Weil« unterbricht das Hinterfragen, das als ständiger Prozeß für den einzelnen und das Unternehmen notwendig ist, wenn man erfolgreich sein will.

Hier ein Beispiel dafür, wie eine spirituelle Unternehmerin mit einem »Weil« umging, das möglicherweise zu Schwierigkeiten hätte führen können. Als neu ernannter Vice-President hatte sie Schwierigkeiten, das Führungsteam dazu zu bewegen, sich ihre Ideen anzuhören.

Sie erzählte: »Zuerst führte ich das auf die üblichen Gründe zurück wie: ›Sie hören nicht auf mich, weil ich eine Frau bin.‹ Aber solange ich das dachte, veränderte sich nichts.

Der ganzheitliche Manager als Führungskraft: Zum Ursprung werden

Also änderte ich meine Strategie. In den Sitzungen beobachtete ich den Vice-President, der das höchste Ansehen genoß. Ich schätzte ihn sehr, und zudem hörte der President auf ihn. Als ich ihn einfach nur beobachtete, statt ihn zu beneiden, stellte ich einige grundlegend wichtige Dinge fest. Erstens brachte er seine Ideen nur auf das Wesentliche reduziert vor und erläuterte die Einzelheiten erst, wenn er danach gefragt wurde. Er legte keinen Wust an Details vor, wie ich es getan hatte. Zweitens setzte er sich, wenn er auf Widerstand stieß, nicht mit den Leuten auseinander, sondern stellte ihnen eine ganze Reihe von Fragen. Mit anderen Worten: Er zeigte das größte Interesse für ihre Bedenken. Wenn er sich ihren Standpunkt genau anhörte, verliefen sich ihre Bedenken meist im Sand. Rückblikkend ist es ganz offensichtlich, daß meine Laufbahn eine wichtige Wendung zum Guten nahm, als ich aufhörte, in ›Weils‹ zu schwelgen, anfing, mich nach Leuten umzusehen, von denen ich etwas lernen konnte, und aufhörte, sie zu beneiden.«

> *Wenn Sie es immer so gemacht haben, ist es wahrscheinlich falsch.*
>
> CHARLES KETTERING

Visionäre Führungskräfte nehmen alle »Weils« unter die Lupe, besonders diejenigen, bei denen sich alle einig sind. Die größten Fortschritte sind meistens dann zustande gekommen, als das »Weil« aufgedeckt wurde, das den unumstößlichsten Zuständen zugrunde lag.

Die »Behaglichkeitszone«

Ganzheitliche Manager lernen, außerhalb der Behaglichkeitszone zu arbeiten. Nichtganzheitliche Manager leben in diesem Bereich, gewöhnlich bis zu ihrem Tod. Die Behaglichkeitszone ist die komplizierte Ansammlung von Gedanken, Gefühlen, Glaubenssätzen und Überzeugungen, die als

Schutz vor Unbehagen dienen. Die meisten unter uns haben einen solchen Schutzbereich, ob wir nun ganz obenauf schwimmen oder gebrochen am Boden liegen. Es lohnt sich, ihn genauer zu untersuchen, weil er mehr gute Visionen vereitelt hat als eine Million Kritiker.

Vision: Führung durch Vermittlung einer klaren Intention

Viele sind der Ansicht, Unbehagen sei ein guter Grund, um nichts zu unternehmen. Ganzheitliche Manager sehen Unbehagen ganz anders: Es ist etwas, dem man auf dem Weg, zu dem man sich entschlossen hat, direkt ins Auge schaut. Eine unserer Klientinnen ruft dann und wann wegen einer telefonischen Beratung zu einem Projekt an, an dem sie gerade arbeitet. Sie beginnt oft ungefähr so: »In der letzten Zeit bin ich immer wieder über Bodenschwellen gestolpert, und ich möchte herausfinden, was ich tun könnte, damit die Dinge glatter laufen.« Sie sieht Hindernisse als Bodenschwellen – nichts weiter als kleine Straßenerhebungen – an, und wenn sie etwas langsamer tritt und aufpaßt, kann sie danach wieder aufdrehen.

Unsere Behaglichkeitszone entwickelt ein Eigenleben. Wenn sie in Frage gestellt wird, wühlt sie die verschiedensten Gefühle in uns auf wie lauter Nebelschleier, die uns davon abhalten sollen, sie zu verlassen.

Der erste Schleier ist Angst. Vor Hunderttausenden von Jahren im Körper verankert, sind wir von der Angst so programmiert, daß wir weglaufen, kämpfen, in Ohnmacht fallen oder erstarren. Genau das möchte die Behaglichkeitszone auch bewirken. Sie haben vielleicht eine unerhört gewagte Zukunftsvision Sie selbst betreffend: »Ich möchte mein eigenes Geschäft aufbauen, anstatt für Fred zu arbeiten«, und die Behaglichkeit mischt sich mit Angst ein. Sie will Sie dazu bringen, daß Sie vor dieser Vision davonlaufen oder, noch besser, an Ort und Stelle erstarren. In der Behaglichkeitszone herrscht der Gedanke vor, Davonlaufen oder Erstarren führe

Der ganzheitliche Manager als Führungskraft: Zum Ursprung werden

zur Sicherheit. Haben wir Angst, sieht die ganze Welt anders aus.

Indem wir uns eine bessere Zukunft erträumen, beschwören wir auch die damit zusammenhängenden Ängste herauf. Diesen Ängsten müssen wir unerschrocken ins Auge schauen, wenn wir unsere Zukunft besser gestalten wollen. Sogar eine einigermaßen einfache Frage wie etwa »Wie sollen Fred und ich es finanzieren?« wurzelt oft in viel grundlegenderen Ängsten: Angst vor dem Altwerden, vor dem Tod, vor Armut, vor eingeschränkten Möglichkeiten, vor Kritik, Liebesentzug und Krankheit. Falls wir uns mit diesen Fragen nicht befassen, ist unsere Zukunftssicht getrübt. Daß wir hier die Augen – wenn auch nur ein ganz klein wenig – abwenden, hält uns davon ab, uns in der Zukunft so wohl zu fühlen, wie es nötig ist, wenn wir uns dort ansiedeln wollen.

Wenn wir Angst haben, raschelt es überall.

SOPHOKLES

Der zweite Nebelschleier sind Schuldgefühle. Sie machen beispielsweise einen ersten Schritt über die Grenzen der Behaglichkeitszone hinaus und hören plötzlich Stimmen wie:

»Für wen hältst du dich eigentlich?«

»Wenn dir das gelingt, übertriffst du deinen Vater.«

»Wenn du damit Erfolg hast, wird dich niemand mehr mögen. Auf dem Gipfel ist es einsam.«

Schuldgefühle beruhen eigentlich auf Ärger, den Sie vor langer Zeit geerntet haben, weil Sie begabt waren. Sie sind eine Last, die begabte Menschen bis ins Erwachsenenleben mit sich herumschleppen. Vor langer, langer Zeit hat Ihnen wahrscheinlich jemand – in der Regel einer der Eltern oder eines der Geschwister – solche negativen Mitteilungen eingehämmert. Dieses Einhämmern kann so subtil und erfolgreich gewesen sein, daß Sie heute glauben, die Gedanken seien Ihre eigenen. Das sind sie aber nicht, nur haben Sie sie verinnerlicht und lassen sie jetzt in Ihrem Kopf herumrattern. Nun ist der Augenblick gekommen, einen tiefen Atemzug zu nehmen und sie loszulassen.

Vision: Führung durch Vermittlung einer klaren Intention

Der dritte Schleier ist das beharrliche Gefühl des eigenen Unwertseins. Wenn Sie auch nur einen Fetzen davon aus Ihrer Kindheit mitgebracht haben – was bei den meisten Menschen der Fall ist –, findet es die Behaglichkeitszone und benutzt es dazu, Sie darin festzuhalten. Mindestens ein Dutzend ganzheitliche Manager haben uns berichtet, sie würden knapp vor einer neuen großen Vision und gleich nach einem großen Erfolg von einem intensiven Gefühl des Unwertseins heimgesucht. Und es ist auch verständlich, weshalb: Sie handeln außerhalb ihrer Behaglichkeitszone.

Auch wenn sie sich gegen uns zu wenden scheint, sollten wir uns dennoch die Behaglichkeitszone nicht zum Feind machen. Uns mit ihr anzufreunden bringt Heilung in Gang. Dazu wollen wir uns erst einmal eingestehen, daß das Bequeme und Voraussagbare uns sehr attraktiv erscheint. Es ist sicher und gewiß, und wäre das zur Abwechslung nicht auch mal angenehm? Eine Seite in uns sehnt sich ganz einfach nach Bequemlichkeit. Nehmen Sie diese Seite in sich so an, wie sie ist, und lernen Sie sie lieben. Aber wir sollten auch der Seite in uns gerecht werden, die Freude am Risiko hat. Die meisten kreativen Menschen haben einen starken Drang, die Behaglichkeitszone in Frage zu stellen. Es ist der Drang, das Unbekannte zu erforschen, etwas hervorzubringen, das es noch nie zuvor gegeben hat, und in die erhabenen Höhen aufzusteigen, wo die Luft dünn ist, wo aber die mächtigen Winde wehen.

Das eigentliche Problem mit der Behaglichkeitszone liegt darin, daß sie sich sehr schnell ausdehnt. Sie wird jedesmal größer, wenn wir beschließen, eine abenteuerliche Zukunftsvision der Bequemlichkeit zu opfern. Wenn wir nicht ganz sorgsam aufpassen, nimmt die Behaglichkeitszone bald unseren ganzen Lebensraum ein. Wir ziehen uns ein paarmal in diese Zone zurück, um dem riskanten Geschäft des Lebens zu entgehen, und eines Tages wachen wir auf und merken, daß wir nicht mehr hinauskönnen.

Aber diese Zone kann auch in einem einzigen Augenblick zusammenschrumpfen. Das erfordert nur, daß Sie ein paar Entscheidungen außerhalb davon treffen, und schon sind Sie wieder am Ball. Wenn Sie nicht mehr im Bann der Behaglichkeitszone sind und ihren Verführungen erliegen, sind Sie frei und können Visionen hervorbringen, die davon völlig unbehelligt sind.

Was will ich eigentlich?

Vision beginnt mit der Antwort auf die einfache Frage: Was will ich eigentlich? Oder: Was ist mein größter Wunsch für die Firma? Heute lautet die Antwort vielleicht: Einen besseren Umgang miteinander im Büro. Morgen aber möglicherweise ganz anders – dann beschäftigt uns beispielsweise die Einführung einer neuen Produktlinie. Ganzheitliche Manager haben diese Frage stets präsent und stellen sie – auch unbewußt – so häufig, daß sie einfach schon nur durch ihre Anwesenheit andere dazu anspornen, ebenfalls damit anzufangen.

Fragen dieser Art – »Was ist mein größter Wunsch für das Unternehmen?« – enthalten eine starke Wandlungskraft. Wenn Sie sie wirklich als echte Frage stellen, liefert Ihnen Ihre Kreativität völlig neue Informationen dazu. Aber auch wenn nichts geschieht, tun Sie damit trotzdem etwas Wichtiges. Sie übernehmen volle Verantwortung für die kreative Ausrichtung des Unternehmens. Sie werden zu einer Quelle der Kreativität.

Ein ganzheitlicher Manager erinnerte sich an einen überwältigenden Augenblick im Werdegang seiner Firma: »Ich war schon lange das Zugpferd in Sachen Kreativität im Unternehmen gewesen und hatte versucht, alle dazu anzuspornen, kreative Lösungen zur Verbesserung ihres jeweiligen Bereichs zu finden. Ein einziger Augenblick hat es mir gelohnt. Ich ging eben am Versandbüro vorbei und steckte meinen Kopf herein, um guten Tag zu sagen. Eine Teilzeitangestellte mit Mindestlohn war gerade dabei, eine Notiz an ihren Vorgesetzten zu schreiben. Darin schlug sie drei Veränderungen der Arbeitsabläufe vor. Als ich sie fragte, woher sie diese Ideen hatte, zeigte sie auf die Frage, die alle auf meine Bitte hin in ihrem jeweiligen Bereich an die Wand gehängt hatten: Was ist mein größter Wunsch für die Firma? Sie sagte, sie sei am Abend zuvor mit dieser Frage zu Bett gegangen und die drei Ideen seien ihr beim Aufwachen in den Sinn gekommen.«

Vision: Führung durch Vermittlung einer klaren Intention

Der unerläßliche erste Schritt, um die Dinge zu bekommen, die Sie sich vom Leben erträumen, ist folgender: Stellen Sie fest, was Sie eigentlich wollen.

BEN STEIN

Kate organisierte einmal ein Teambuilding-Retreat für einen High-Tech-Leiter und acht ihm direkt unterstellte Mitarbeiter. Unter anderem sollten sie ein Bild von sich zeichnen, auf dem sie etwas taten, das darstellte, was sie in ihrem Innersten waren. Zwei Teilnehmer waren in den Fünfzigern und kannten einander kaum, aber sie zeichneten fast dasselbe Bild. Beide zeichneten sich bei der Arbeit mit alten Menschen in einem Altersheim. Das stellte für sie im wesentlichen die fürsorgliche Warmherzigkeit dar, die sie zum Ausdruck bringen wollten. Natürlich waren sie und das ganze Team völlig perplex über die Darstellung dieser gemeinsamen Vorstellung, und es schweißte das Team stärker zusammen. Aber noch wichtiger war, daß das Band zwischen diesen beiden Männern stärker wurde und zu verschiedenen

Der ganzheitliche Manager als Führungskraft: Zum Ursprung werden

positiven Ergebnissen führte. Sie begannen, sich in der Mitte zwischen ihren jeweiligen Betrieben zu treffen, zuerst, um ihre Freundschaft zu vertiefen, und dann, um herauszufinden, welche Möglichkeiten sie hatten, um ihre gemeinsame Leidenschaft in ihrer jetzigen Arbeit umzusetzen. Sie steckten auch die Köpfe über einem eigenen Projekt zusammen, das es ihnen ermöglichen sollte, sich mit den Anforderungen der Altenpflege besser vertraut zu machen.

> *Wenn wir leidenschaftlich an etwas glauben, was noch nicht existiert, erschaffen wir es. Alles, was nicht existiert, haben wir noch nicht genügend gewollt.*
>
> NIKOS KAZANTZAKIS

Was Sie auch immer in der Unternehmenshierarchie sind, Sie sind absolut in der Lage, sich umzusehen und herauszufinden, was Sie wollen, sowohl für sich selbst als auch für das Unternehmen. Manchmal braucht es nur wenige Sekunden, bis die Antwort da ist. Erweitern Sie daraufhin Ihren Horizont, indem Sie andere befragen: Was möchten Sie am liebsten? Die meisten haben diese Frage nie gestellt bekommen; doch sie könnte ihr Leben zum Besseren wenden.

Eine unbegrenzte Visionsfähigkeit entwickeln

Und wenn dem, was Sie kreieren können, keine Grenzen gesetzt wären? Wenn Sie etwas mit den Ihnen bereits jetzt zur Verfügung stehenden Kräften hervorbringen könnten? Offenbar funktioniert es auch genauso. Viele Errungenschaften, die heute zu unserem Alltag gehören – zum Beispiel Autos, Flugzeuge oder Computer –, hat es vor nicht allzu langer Zeit überhaupt noch nicht gegeben. Man hat auch größtenteils ihren Bedarf gar nicht erkannt. Bis einer oder mehrere Menschen eine Vision hatten, eine Idee ausbrüteten und sie in die Tat umsetzten, woraufhin sie immer weitere Verbreitung fand.

Ganzheitliche Manager wissen, daß sie nicht alles haben können, was sie wollen: Es ist nicht genügend Zeit da, um alles, was man will, zu erzeugen und zu genießen. Der ganzheitliche Manager weiß das und achtet darauf, sich für Dinge zu entscheiden, die ihm wirklich am Herzen liegen. Zur Reife – sowohl der geistigen wie der geschäftlichen – gehört die Einsicht, daß man nicht alles haben kann, daß man aber all das erlangen kann, was man sorgfältig ausgewählt hat.

Vision: Führung durch Vermittlung einer klaren Intention

Auf der Unternehmensebene trifft das tausendfach zu. Auf unseren Beratungsreisen stellen wir immer wieder fest, daß erfolgreiche Unternehmen viel Mühe darauf verwenden, sich immer genauer und spezifischer auszurichten. Sie wählen ihren Kundenkreis sehr sorgfältig aus und hören auf das, was diese Menschen wollen und brauchen, und sie hören sehr genau hin. Die Tage der Unternehmensdinosaurier sind gezählt. Große Firmen sind oft so schwerfällig, daß sie nicht schnell genug auf Veränderungen reagieren können. Dasselbe trifft auf den einzelnen zu. Wenn wir uns nicht ganz sorgfältig auf das konzentrieren, was wir wollen, können wir die Energie nicht wie einen Laserstrahl darauf richten, wie es das heutige Umfeld erfordert.

»Etwas Unmögliches kann man nicht glauben.«
»Du wirst darin eben noch nicht die rechte Übung haben«, sagte die Königin. »In deinem Alter habe ich täglich eine halbe Stunde darauf verwendet. Zuzeiten habe ich vor dem Frühstück bereits bis zu sechs unmögliche Dinge geglaubt.«
LEWIS CARROLL

Der Schlüssel dazu besteht eigentlich aus zwei Schlüsseln in einem: Wahl und Konzentration. Sie haben die Macht der Entscheidung hinsichtlich Ihrer Wünsche. Das englische Wort für »entscheiden«, *decide,* kommt aus dem Lateinischen und bedeutet »abschneiden, abhauen«, wie wenn Sie die übrigen Alternativen abschneiden. Haben Sie das getan, liegt Ihre Aufgabe darin, sich auf das gewählte Ziel zu konzentrieren, bis Sie das gewünschte Ergebnis erzielen.

Der ganzheitliche Manager als Führungskraft: Zum Ursprung werden

Raus aus der Box

Ganzheitliche Manager achten darauf, daß ihre Visionen genügend hochfliegend sind, damit sie ihre Inspiration nicht verlieren. Die Ziele, die Sie sich setzen, sollten Ihnen immer das Äußerste abverlangen und nicht bloß mit bereits zigfach erprobten Strategien erreichbar sein. Wenn Sie immer innerhalb des Rahmens der bekannten Möglichkeiten bleiben, spannen Sie Ihre Vorstellungskraft nicht weit genug, und das ist täglich nötig, damit sie weiterhin fruchtbar bleibt.

Ganzheitliche Manager schärfen ihre Fähigkeit, gleichzeitig in der Gegenwart und in der Zukunft zu sein. Paradoxerweise führt die Gabe, sich in die Gegenwart hinein zu entspannen, dazu, daß Sie sich die Zukunft besser vorstellen können. Manche Menschen schmerzt die Kluft zwischen dem Ort, an dem sie sich befinden, und dem, wo sie sein wollen, oder sie verzweifeln daran. Der ganzheitliche Manager hat gelernt, sich in diese Kluft hinein zu entspannen und das Ziel ganz locker und dennoch mit unerschütterlicher Intention vor Augen zu haben. Er kennt den Grundsatz: Erfolg ist nur möglich, wenn er voll und ganz in der Gegenwart anwesend ist, wo auch immer das sein mag. Er achtet darauf, ob seine Aufmerksamkeit abschweift, und holt sie zurück in die Gegenwart, hierher, wo er jetzt ist. Wenn Sie das immer wieder tun, lernen Sie, sich im Zwischenraum zu entspannen. Wenn Ihre Ziele genügend hoch sind, wird es immer eine Kluft geben. Genießen Sie sie lieber!

> *Sie sollten immer das tun, was Sie nicht tun zu können glauben.*
>
> ELEANOR ROOSEVELT

Tun Sie einen oder zwei Schritte aus der Box hinaus. Welche positive Zukunft könnten Sie sich für sich vorstellen, die jeder Vernunft zuwiderläuft? Und für Ihr Unternehmen?

Denken Sie sich vor dem Frühstück morgen früh sechs unmögliche Dinge aus.

Vom Umgang mit Ideenkillern

Vision: Führung durch Vermittlung einer klaren Intention

Häufig ist es so, daß eine Idee, je besser sie ist, desto mehr Widerstand erzeugt. Die beste Strategie ist dann, mit Widerstand zu rechnen und zu versuchen, ihn bei der ersten Präsentation der Idee hervorzulocken. Viel von diesem Widerstand hat nur mit Angst vor Veränderungen zu tun, aber darunter finden sich manchmal auch wertvolle Rückmeldungen. Visionäre, die vor Konflikten zurückschrecken, versuchen oft, den Widerstand erst gar nicht hochkommen zu lassen, nur um dann festzustellen, daß er sich später im Verborgenen regt. Wenn möglich, sollten Sie jeden Einwand, jeden Spott, jede Entschuldigung und jede Angst offen konfrontieren. Liefern Sie Gegenargumente zu solchen Einwänden, und erwarten Sie, daß diese noch mehr Widerstand auslösen. In einer besseren Welt gäbe es weniger Dickköpfe, aber vorerst müssen Visionäre ihre Gabe, mit Widerständen neuen Ideen gegenüber umzugehen, weiterentwickeln. Wenn Sie vollends plattgewalzt werden, danken Sie Ihren Mitarbeitern für ihren Beitrag und fragen Sie, ob sie bereit wären, sich zu einem späteren Zeitpunkt eine bereinigte Fassung anzuhören. Gewöhnlich stimmen sie zu, damit Sie das Gesicht wahren können, sind aber hell entsetzt, falls Sie nach einem Monat oder so mit einem überarbeiteten Entwurf wiederkommen.

> *Ich suche eine Menge Leute, die die grenzenlose Fähigkeit haben, nicht zu wissen, was nicht durchführbar ist.*
>
> HENRY FORD
>
> *Wir sind dem Feind begegnet: Der Feind sind wir.*
>
> WALT KELLY

Es wäre leichter, wenn der Widerstand nur von außen käme. Das eigentliche Problem liegt aber innen. Die Wurzel vieler Widerstände, die uns behindern, liegt in unseren eigenen Überzeugungen in bezug auf Begrenzungen.

Die hartnäckigen Widerstände, denen wir außerhalb von

Der ganzheitliche Manager als Führungskraft: Zum Ursprung werden

uns begegnen, betrachtet man am besten als Wegweiser, die auf unsere eigenen verinnerlichten Widerstände hinweisen. Der ganzheitliche Manager sieht Widerstand als eine freundliche Seite in uns selbst an, die auf Risiken aufmerksam zu machen und unsere Kommunikationsfähigkeit zu verbessern versucht. Dank dem steten Schliff derselben lernen wir, mit der großen Bandbreite verschiedenartigster Menschen auf der Welt umzugehen. Wenn wir Widerstand so sehen, als läge er »dort draußen«, schließen wir uns in eine Wir-gegen-sie-Haltung ein, die sehr zerstörerisch sein kann.

Das heißt im Klartext, daß ein hellhöriges Durchhaltevermögen notwendig ist, um Veränderungen in der Unternehmenswelt herbeizuführen. Visionäre sollten Widerstände – sowohl von innen als auch von außen – erwarten und auf deren Kamm wellenreiten lernen, anstatt sich von ihnen überwältigen zu lassen. Ihre Leidenschaft und Ihr Einsatz müssen stärker sein als das Anhängen an Gewohnheiten anderer und deren Angst vor Veränderungen und vor Kontrollverlust.

Zukunftsvisionen

Ganzheitliche Manager haben die Gabe, sich in die Zukunft zu versetzen, sich dort umzusehen und dann die Anziehungskraft der vorgestellten Zukunft dazu zu benutzen, dieses Ziel mit ihrem ganzen Unternehmen zu erreichen. Die meisten Menschen sind unwissentlich in ihrer Konditionierung verfangen und leben in der Vergangenheit, was dazu führt, daß sie sich eine ziemlich eingegrenzte Gegenwart mit praktisch keiner Zukunftsvision schaffen. Wenn Sie in der Vergangenheit leben, nehmen Sie möglicherweise sogar die Ge-

> *Vorstellungskraft ist wichtiger als Wissen.*
>
> ALBERT EINSTEIN

genwart übel und versuchen denen Steine in den Weg zu legen, die sich der Zukunft verpflichtet haben.

Vision: Führung durch Vermittlung einer klaren Intention

Wenn Sie ein ganzheitlicher Manager werden wollen, siedeln Sie sich in der Zukunft an und blicken auf die Gegenwart zurück. Fassen Sie Fuß in der Zukunft. Seien Sie wirklich dort, und versuchen Sie, sich damit vertraut zu machen, die Welt aus dieser Perspektive zu sehen. Dabei ist es nicht wichtig, ein detailliertes Bild von der Zukunft zu haben, aber es ist ganz wesentlich, mit einem Fuß dort zu sein, damit der andere Fuß Grund hat, ihm nachzufolgen.

John F. Kennedy pflegte gerne eine Geschichte von kleinen Jungen in Irland zu erzählen. Wenn sie an einen Zaun kamen, über den zu klettern sie Angst hatten, warfen sie zuerst ihre Mützen hinüber, um sie dann holen zu müssen. Werfen Sie ihre Mütze in die Zukunft, dann fällt Ihnen ein, was Sie tun können, um ihr zu folgen.

> *Was würden Sie unternehmen, wenn Sie wüßten, daß Sie nicht scheitern können?*
>
> ROBERT SCHULLER

Ein weiterer Grund, weswegen es sich lohnt, die Gabe der Zukunftsvision zu pflegen, ist der, daß Sie Anfangserfolge dann nicht sabotieren. Wenn Sie in die Zukunft steigen und sie »anprobieren«, haben Ihr Körper und Geist Gelegenheit, sich darin wohl fühlen zu lernen. Wenn es Ihnen in einer positiven Zukunft wohl ist, stolpern Sie weniger, wenn sie zustande kommt. Wir sind alle so konditioniert, daß wir Angst vor dem Ungewissen haben, und auch ein positives Ungewisses kann uns erschüttern. Mit Zukunftsvisionen können Sie sich in einer vorgestellten positiven Zukunft bequem einrichten.

Versetzen Sie sich jetzt in Ihrer Vorstellung in die beste Zukunft, die Sie sich ausmalen können. Gehen Sie fünf Jahre voraus. Was tun Sie? Wie sieht Ihr Unternehmen aus? Schauen Sie aus der Zukunft auf heute zurück. Was haben Sie unternommen, um in diese positive Zukunft zu gelangen?

KAPITEL 3

Intuition

Führung durch Wecken des vollen Potentials

Manche nennen es »Gefühl im Bauch«, andere sprechen von intuitiven »Geistesblitzen«. Im Duden steht, »Intuition« sei ein »nicht auf Reflexion beruhendes Erfassen eines Sachverhalts«. Sie ist das, was Sie anwenden können, um:

- Entscheidungen im Personalbereich zu treffen,
- sich in etwas hineinzufühlen, um herauszufinden, wo das Problem bei einem bestimmten Projekt liegt,
- den richtigen Zeitpunkt für eine Investition festzulegen,
- eine Idee für einen neuen Markt für ein bestehendes Produkt zu bekommen.

Intuition ist eine natürliche Gabe, etwas, zu dem alle Zugang haben. Sie ist auch ein Talent, das sich durch Übung verfeinern läßt. Ihr wird vor allem deswegen soviel Bedeutung beigemessen, weil sie ein deutliches Zeichen dafür ist, daß Sie in Verbindung mit Ihrer inneren geistigen Führung stehen – ein untrüglicher Hinweis aus Ihrem innersten Kern, daß Sie von Ihrer wahren Mitte aus navigieren. Wenn Ihre Intuition nicht funktioniert, sollten

> *Führungskräfte, die eine so unwiderstehliche Vision hervorbringen möchten, daß sie Mitarbeiter zu höheren Leistungen anspornt, müssen sich auf die Intuition verlassen.*
>
> JOHN NAISBITT und PATRICIA ABURDENE

Intuition: Führung durch Wecken des vollen Potentials

Sie dies als Zeichen dafür werten, daß Sie die Verbindung mit Ihrem Wesenskern wiederaufnehmen müssen. Ein Erzbischof von Canterbury drückte es einst so aus: »Wenn ich bete, geschehen Wunder. Wenn ich nicht bete, geschehen sie nicht.« Dasselbe trifft auf die Intuition zu. Wenn sie da ist, können Sie sicher sein, daß Sie die Verbindung zu Ihrer Seele irgendwie gepflegt haben. Fehlt sie, so sollten Sie mehr Zeit mit Meditation, an einem Wasserfall oder in Ihrem Büro hinter geschlossener Tür verbringen.

Intuition ist ein Bereich, in dem ganzheitliche Manager sehr begabt sind. Als Führungskräfte müssen sie sowohl mit ihrer intuitiven als auch logischen Seite in Kontakt sein. Wenn die Verbindung zu Herz und Seele fehlt, kann keine noch so große Datenmenge die Lücke füllen. Pater Theodore Hesburgh, der frühere President von Notre Dame, sagte einst über Führungskräfte: »Trompete können Sie nicht zögerlich spielen.« Die Verbindung von Intuition und Logik verleiht dem Manager im Unternehmen eine einheitliche Haltung, aus der heraus er führt.

Integrität und Vision sind Vorläufer, um die Intuition voll ausschöpfen zu können. Intuition gedeiht auf dem Boden der Integrität besser. Wenn Sie nicht integer sind, kann es leicht vorkommen, daß der Lärm, der von Ihren vielen Integritätsverstößen herrührt, die leisen Signale Ihrer Intuition übertönt.

Die Intuition fließt auch besser, wenn Sie wissen, worauf Sie hinauswollen. Vision setzt die Intuition hervorragend frei. Kreative Umwege tauchen wohlwollend auf dem Weg von Menschen

> *Menschen, die eine große Meisterschaft über sich erlangt haben, setzen sich nicht zum Ziel, Verstand und Intuition miteinander zu vereinbaren. Sie erreichen das ganz selbstverständlich als Nebenprodukt ihrer Verpflichtung, alle ihnen zur Verfügung stehenden Mittel zu nutzen. Sie können es sich ebensowenig leisten, zwischen Verstand und Intuition zu wählen oder zwischen Kopf und Herz, wie sie beschließen könnten, mit nur einem Bein zu gehen oder mit nur einem Auge zu sehen.*
>
> PETER SENGE

auf, die bereits unterwegs zu etwas Großem sind. Louis Pasteur sagte einst: »Der Zufall geht dem vorbereiteten Geist zur Hand.« In diesem Sinn meinte einer unserer ganzheitlichen Manager: »Die Intuition bevorzugt einen ruhigen, offenen Geist.« Die Integrität verhilft zu einem ruhigen Geist, indem sie den Lärm ausschaltet, der durch Lügen und nicht eingehaltene Abmachungen entsteht. Die Vision befreit den Geist und gibt ihm eine allgemeine Ausrichtung.

Intuition kann man nicht aus Büchern lernen; man muß sie immer wieder ausprobieren und Erfahrungen damit sammeln. Auch unser bester Rat in bezug auf die Intuition macht Sie nicht intuitiver. Wenn Sie hingegen Zeit in den Weiten Ihres eigenen Geistes verbringen, schaffen Sie es. Im letzten Teil des Buches – »Der ganzheitliche Manager und die Disziplin« – führen wir eine äußerst verläßliche Methode an, die Tausende von Malen erprobt wurde und Ihnen den Zugang zu Ihrer Intuition erlauben sollte. Wir empfehlen Ihnen, sich diese Übung anzusehen, nachdem Sie den vorliegenden Abschnitt verdaut haben, und sich dabei sehr viel Zeit zur Übung zuzugestehen, bis es Ihnen vollkommen wohl dabei ist.

Das vorliegende Kapitel enthält keinen einzigen theoretischen Gedanken; jeder einzelne stammt von Menschen, die ihn in der Hitze des Gefechts umgesetzt haben. Halten Sie sich aber vor Augen, daß die Intuition keine exakte Wissenschaft zum Besten derer ist, die sie anwenden. Holen Sie sich heraus, was Sie anspricht, machen Sie die Probe aufs Exempel, und ändern oder verwerfen Sie alles, was bei Ihnen nicht wirkt. Zumindest werden Sie die Genugtuung haben, sich einen geheimnisumwobenen Bereich aufzuschließen, in dem Sie weiterlernen können.

Intuition plus Logik: Die Erfolgsformel des ganzheitlichen Managers

Intuition: Führung durch Wecken des vollen Potentials

Der »Zufall« begünstigt in der Tat den vorbereiteten Geist; deswegen meinen wir keineswegs, Sie sollten nun die Logik über Bord werfen und nur noch aus dem Bauch heraus handeln. Aber die Logik ist lediglich eine Seite unserer geistigen Fähigkeiten, und da wir die Intuition schon haben, weshalb sollten wir sie dann nicht anwenden lernen? Die Intuition ist deshalb so wertvoll, weil sie uns Lösungen liefert, die man im hellen Licht der Logik nicht sieht. Sie ermöglicht es, die großen Schätze des Ungewissen anzuzapfen. Wenn die Logik der Sonne entspricht, repräsentiert der Mond die Intuition. Beide werden von vorausdenkenden Führungskräften gleichermaßen geschätzt.

> *Die Intuition sagt dem Verstand, wohin er als nächstes schauen soll.*
>
> Dr. JONAS SALK

Bei vielen ganzheitlichen Managern, die wir kennengelernt haben, ist die Beziehung zwischen Logik und Intuition so ausgewogen, daß sie gut damit arbeiten können. Wenn wir sie fragen, wie sie sich diese Gabe erworben haben, sagen manche, sie hätten sie immer besessen und ihre Denkweise hätte sich seit ihrer Kindheit nicht geändert. Andere berichten, sie hätten sich bewußt dazu entschieden, alles zu nutzen, was ihnen zur Verfügung steht. In vielen Fällen hatte sich die Waagschale zuerst zugunsten der Logik gesenkt. Sie bekamen schließlich Rückmeldungen, sie seien zu sehr datenorientiert, und beschlossen daraufhin, ihren intuitiven Fähigkeiten gegenüber aufgeschlossener zu sein. In einigen Fällen mußten äußerst intuitive Menschen einen Ausgleich zugunsten von mehr Logik und Argumentationsfähigkeit vornehmen.

Der ganzheitliche Manager als Führungskraft: Zum Ursprung werden

Die kreative Denkzeit ist der wichtigste Punkt auf Ihrer Tagesordnung

Ein ganzheitlicher Manager formulierte es so: »Wenn ich mir täglich zwanzig Minuten Zeit nehme, einfach nur um nachzudenken, laufen die Dinge tagsüber glatt. Wenn ich zu beschäftigt bin und vergesse, mir meine magischen zwanzig Minuten zu nehmen, fühlen sich die Dinge den ganzen Tag über leicht verquer an. Ich habe merken gelernt, wann ich vom Kurs abkomme. Dann ist es an der Zeit, in mein Büro zu gehen, die Tür zuzumachen und eine Weile aus dem Fenster zu schauen.«

Manche der ganzheitlichen Manager, die wir für dieses Buch befragt haben, nehmen sich zehn Minuten dafür, andere eine Stunde. Manche schauen zum Fenster hinaus, andere schließen die Augen und summen ein Mantra. Aber beinahe alle haben irgendwie kreative Denkzeit in ihren Tagesablauf eingeplant. Sie benennen sie auch verschieden:

»Integrieren«,
»Daten verdauen«,
»Batterien aufladen«,
»In den Kreativitätsbereich gehen«,
»Ausruhen und Herumschweifen«.

Aber sie meinen alle dasselbe: in sich gehen und sämtliche inneren Mittel anzapfen. Ein Manager sagte unverblümt: »Die meisten Geschäftsleute würden nicht halb soviel Verwirrung stiften, wenn sie nur ein paar Minuten nachdächten. Einfach die Tür zumachen und eine kleine Weile lang nichts tun. Sehr viel Geschäftigkeit im Laufe eines Arbeitstages ist nur ein Symptom dafür, daß nicht genügend Zeit zum Denken da ist.«

Es braucht Disziplin, um sich in seinem Tagesablauf Zeit

zum kreativen Denken zu nehmen, und noch mehr Disziplin, diese Zeiten bei der ständigen zeitlichen Überbeanspruchung einzuhalten. Wer das tut, erntet aber einen großen Lohn, sowohl was die Produktivität betrifft als auch hinsichtlich eines verstärkten Gefühls, aus dem eigenen Inneren zu schöpfen.

Intuition: Führung durch Wecken des vollen Potentials

Die intuitive Trefferquote verbessern

Ihre intuitiven Fähigkeiten verbessern sich in dem Ausmaß, in dem Sie Ihre Überzeugungen, Ansichten und Vorurteile hinter sich lassen. Denken Sie sich Vorurteile als Lärm, den Sie statt des deutlichen Signals weiterreichender Möglichkeiten in sich hören. Sie stellen vielleicht fest, daß Sie eine ganz deutliche Intuition in einem bestimmten Lebensbereich haben, in einem anderen aber nicht.

Ein ganzheitlicher Manager formulierte das so: »In der Arbeit hatte ich eine sehr hohe intuitive Trefferquote, aber in Beziehungen schien ich überhaupt keine oder nur wenig Intuition zu haben. Als ich mich mit dieser Frage abgab, wurde mir klar, daß ich privat sehr viel mehr emotionales Gepäck mit mir herumschleppte als im Arbeitsbereich. Bei der Arbeit konnte ich eine Situation unvoreingenommen betrachten und sagen: ›So ist es jetzt‹, aber in Beziehungen summte es nur so in meinem Kopf vor Erwartungen und Programmen.«

> *Nur die Intuition ist wirklich wertvoll.*
> ALBERT EINSTEIN

Wenn Sie Ihre Trefferquote verbessern wollen, fangen Sie damit an, sich selbst kennenzulernen. Stellen Sie fest, auf welche Weise Ihre Intuition Kontakt mit Ihnen aufnimmt. Sie scheint uns über drei Kanäle zuzufließen: über das Wort, das Bild und körperliche Empfindungen. Die meisten empfangen einen Kanal besser als die anderen, und daher ist es dienlich, herauszufinden, welches Ihr bevorzugter Kanal ist. Denken Sie beispielsweise an eine Frage wie: »Wo möchten Sie in fünf Jahren sein?« Daraufhin fällt Ihnen vielleicht ein Satz aus dem Wortkanal ein: »Ich möchte die Finanzabteilung leiten.« Auf dem Bildkanal sehen Sie sich etwa in einem bestimmten Büro sitzen. Und der Körperempfindungskanal vermittelt Ihnen möglicherweise ein warmes Gefühl im Bauch, das einen Erfolg anzeigt.

Kein Kanal ist besser als der andere – sie stammen alle aus derselben Quelle: der Gabe der Intuition, mit der jeder Mensch offenbar geboren wird. Sie brauchen nur herauszufinden, welcher Kanal für Sie der klarste ist.

Bei unserer Arbeit mit mehreren tausend Leuten zur Förderung ihrer intuitiven Fähigkeiten ist uns aufgefallen, daß die Mehrheit ihre Intuition als Bilder oder über Gefühle wahrnahm, statt sie über den Wortkanal vermittelt zu bekommen. Aber bei allen war es dennoch jeweils etwas unterschiedlich. Sie sollten also in sich gehen, um das herauszufinden. Probieren Sie es gleich jetzt: Nehmen Sie sich zehn Sekunden Zeit, und stellen Sie sich auf dem Gipfel Ihres beruflichen Erfolgs vor. Wenn Sie das tun, steigt dann ein Bild in Ihnen auf, oder empfinden Sie etwas in Ihrem Körper? Sehen Sie etwas, oder hören Sie Worte?

Gehen wir jetzt auf die näheren Einzelheiten ein. Falls Sie ein Bild sahen, wo haben Sie es gesehen? Wenn es eine Körperempfindung war, wo hat sie sich bemerkbar gemacht? Wenn Ihnen Worte eingefallen sind, wo in Ihrem Kopf sind sie aufgetaucht? Hören Sie, wie es ein hochgradig intuitiver Mensch beschrieb: »Die genauesten Intuitionen kommen offenbar etwa von fünf bis fünfzehn Zentimeter rechts von der Trennlinie zwischen meinen Augen. Nicht ganz so präzise von etwas dahinter und links davon.« Wenn Sie sich auf die Körperstelle konzentrieren, wo die Intuition auftaucht, bekommen Sie ein besseres Gefühl dafür, woher Sie Ihre besten Informationen beziehen.

Intuition: Führung durch Wecken des vollen Potentials

Sind Ihnen Ihre inneren Abläufe vertraut geworden, fangen Sie an, mit alltäglichen Dingen zu üben. In unseren Integritäts- und Visionsschulungen fördern wir die Intuition mit Übungen aus dem Alltag, die ein unmittelbares Feedback erlauben. Wir stimmen uns beispielsweise auf Wetteränderungen, die Schwankungen des Gold- und Kaffeepreises oder anderer Rohstoffe mit stark schwankenden Preisen ein. Oft sagen die Teilnehmer am Ende einer solchen Schulung Regen oder Sonnenschein und Preisschwankungen mit untrüglicher Sicherheit voraus.

Kate hat ihre Intuition von Anfang ihrer beruflichen Laufbahn an eingesetzt und auch viele ganzheitliche Manager befragt, um hinter ihre Geheimnisse zu kommen: »Es hat mich schon immer fasziniert, mit einiger Genauigkeit in die Zukunft schauen zu können. Bis 1981 hatte ich so ungefähr alles zu tun begonnen, um meine Intuition zu fördern, und beschloß nun, eigene Übungen und Versuche zu starten, die mir beim Lernen weiterhelfen sollten.

Zu Beginn der achtziger Jahre war mein Büro in einem wunderschönen alten Gebäude in San Francisco untergebracht. Ich arbeitete im zweiten Stock, viele Unternehmer aber, mit denen ich zusammenarbeitete, im achten. Ich verbrachte also viel Zeit mit Warten vor einer Reihe von sechs Aufzügen. Um diese Zeit zu nutzen, fing ich an, mich zu sammeln und meine Intuition zu befragen, vor welchen ich mich hinstellen sollte. Als ich damit begann, stimmte es etwa zur Hälfte, aber nach einigen Monaten hatte ich neun- von zehnmal die richtige Eingebung. Nun wußte ich, daß man Intuition lernen, schärfen und durch Übung verbessern konnte. Ich schaffte es, in einer Woche zwanzigmal keinen einzigen Fehler zu machen.

Der ganzheitliche Manager als Führungskraft: Zum Ursprung werden

Als meine Intuition verläßlicher wurde, wuchs auch mein Vertrauen darauf. Obschon in jenem Unternehmen noch nie Personal freigesetzt worden war und der CEO auch immer wieder öffentlich verkündet hatte, das würde nie vorkommen, sagte mir meine Intuition etwas anderes. Ich fing von mir aus an, zu überlegen, wie man wohl eine elegante Lösung finden könnte, und entwickelte Ideen, wie eine solche umzusetzen wäre. Oberflächlich gesehen, schienen diese Spekulationen überhaupt nichts mit der Realität zu tun zu haben – bis zu einer Mittagspause. An jenem Tag hatte ich die Eingebung, nicht essen zu gehen, sondern an meinem Schreibtisch zu bleiben. Da kam der CEO aus heiterem Himmel in mein Büro, was er sehr selten zu tun pflegte, und eröffnete mir, etwa vierzig Prozent des Personals müßten freigesetzt werden. Er fragte mich, ob ich irgendwelche Ideen hätte, wie man am besten vorgehen könnte! Ohne mit der Wimper zu zucken, entwarf ich einen Gesamtplan mitsamt den dazugehörigen Organisationsdiagrammen für ihn. Ich brauche wohl nicht zu erwähnen, daß mein Ansehen in der Firma schlagartig anstieg.«

Über das Problem hinauswachsen

Als Bob Marshall CEO von Silicon Optics wurde, stand ihm in seinem ersten Monat eine Krise ins Haus. Praktisch das erste, was er in die Hand bekam, war ein Bericht darüber, daß ein wichtiges neues technologisches Produkt – für dessen Markteinführung er berufen worden war – nicht planmäßig funktionierte und niemand wußte, wie dem abzuhelfen sei.

Bob erinnerte sich: »Zuerst wurde mir schwindlig. Das war so ungefähr das Schlimmste, was ich mir vorstellen konnte. Zum Glück hatte meine Familie nicht umziehen müssen, so-

Intuition: Führung durch Wecken des vollen Potentials

mit konnte ich das Ganze als reines Geschäftsproblem betrachten. Aber was sollte ich nun tun? Kündigen? Bleiben? Berater hinzuziehen? Da ich in meinem früheren Unternehmen meine Intuition schulen gelernt hatte, machte ich die Tür zu und bat darum, eine Stunde lang keine Anrufe durchgestellt zu bekommen. Wie es sich zeigen sollte, brauchte ich nicht einmal die ganze Stunde.

Ich legte meine Füße auf den Tisch und machte es mir bequem. Dann schloß ich die Augen und nahm einige Minuten lang einfach alle Gefühle wahr, die durch meinen Körper strömten. Ich bemühte mich, sie weder abzublocken noch zu zensieren. Wut über den Vorstand ... Angst, daß man mich angelogen hatte ... Angst, daß meine Karriere im Eimer landen würde ... Angst, ich könnte es nicht schaffen, da herauszukommen ... Angst, was meine Frau sagen würde, wenn ich ihr eröffnen müßte, daß ich möglicherweise keine Arbeit mehr hatte ... Nach einigen Minuten wurde ich geistig und körperlich ruhiger, und ich fing an, meine Atemzüge zu zählen, um innerlich ganz ruhig zu werden.

Als ich an jenen inneren Ort der Ruhe gelangt war, stellte ich eine einfache Frage: ›Was war zu dem Zeitpunkt das Beste, was man tun konnte?‹ Ich stellte die Frage und ließ jeden Drang, sie zu beantworten, los. Ich stellte einfach auf Empfang und ließ die Bilder kommen. Mein stärkster Empfangskanal ist der bildliche, und ich sah ganz deutlich, wie sich ein Weg auftat, wie ein klar markierter Weg durch unwegsames Gelände auf einem Dia. Meine nächste Frage lautete: ›Was ist der erste Schritt?‹ Wie ein Blitz kam mir eine Information in den Sinn, die besagte: ›Sei ein Zuhörer.‹ Sie wurde mir über den Wortkanal übermittelt und lautete als Satz: ›Höre dir zu, und höre ihnen zu.‹ Als ich mich noch mehr darauf einstimmte, lautete die Botschaft sinngemäß, daß ich mir und anderen – besonders dem Vorstand – gegen-

Der ganzheitliche Manager als Führungskraft: Zum Ursprung werden

über absolut aufrichtig sein solle. Ich sah deutlich vor meinen Augen, daß ich nichts zu fürchten hatte, solange ich mich einwandfrei verhielt.

Das Ganze hatte kaum eine Viertelstunde gedauert, und danach fühlte ich mich großartig. Ich hatte es noch immer mit denselben Problemen zu tun, aber plötzlich war alles anders. Ich wußte jetzt, daß ich größer war als das Problem.«

Daraufhin traf sich Bob mit dem Board, ließ seinen Gefühlen freien Lauf und hörte zu, während die anderen dasselbe taten. Er war mit einem Spickzettel zur Sitzung gegangen, den er die ganze Zeit vor sich liegen hatte. Darauf stand: »Höre dir zu, und höre ihnen zu.« Am Ende der Sitzung beschloß der Board, das Projekt zu vergessen und kürzerzutreten, was bedeutete, daß sie jemand viel Billigeren als Bob brauchten. Sie stellten ihm einen Scheck über 100 000 Dollar als Abfindung aus, und er ging zu seinem früheren Unternehmen zurück, in dem er heute CEO ist. Als er einige Jahre danach befragt wurde, sagte er: »Die Intuition hat mich an jenem Tag wirklich gerettet. Ich hätte mich mit dem Board anlegen, sie ins Unrecht setzen und ihnen eine Szene machen können. Oder ich hätte mir ein Jahr lang den Kopf darüber zerbrechen und mich verrückt machen können. Aber weil ich auf mich und auf die anderen gehört hatte und meiner Intuition gefolgt war, konnte ich mich sauber aus der Affäre ziehen. Der klar markierte Weg führte mich dann dorthin zurück, wo ich zuvor gewesen war, nämlich zu einem früheren Unternehmen. Aber während meiner Abwesenheit hatten sie dort festgestellt, wie sehr ich ihnen fehlte. Ich glaube, daß ich ohne diese paar Monate bei Silicon Optics nie CEO geworden wäre.«

Eine gute Intuition für Menschen entwickeln

Intuition: Führung durch Wecken des vollen Potentials

Ist Ihnen schon aufgefallen, daß manche Menschen – etwa ein Manager, Lehrer oder Freund – anscheinend Ihre Gedanken lesen können? Irgendwie scheinen sie einen besseren Radar für ihre Sinneswahrnehmungen zu haben. Auch wenn manche diese Gabe bereits besitzen, wissen wir mit Sicherheit, daß das Gespür für Menschen ebenfalls erlernt werden kann. Das eigentliche Problem liegt nicht darin, sich eine neue Fähigkeit anzueignen, sondern zu lernen, nicht über das hinwegzusehen, was man die ganze Zeit über schon sah. Der Mensch ist von Haus aus intuitiv. Wir sind mit dieser Ausrüstung ausstaffiert worden. Eigentlich muß man sich anstrengen, um nicht intuitiv zu sein.

> *Wenn der Geist ruhig ist, liefert er eine phänomenale Intuition, die dazu verwendet werden kann, ein Produkt der nächsten Generation zu entwerfen oder zu verstehen, was bestimmte Kunden bewegt.*
>
> ED McCRACKEN
> CEO von Silicon Graphics

Nicht intuitiv zu sein lernt man folgendermaßen: Angenommen, Sie stellen eines Tages zu Beginn Ihrer Laufbahn fest, daß es Ihrem Chef offensichtlich nicht wohl bei der Sache ist, wenn er über die Verkaufszahlen des letzten Monats spricht. In Ihrer ungeschliffenen Begeisterung platzen Sie heraus: »Ich habe gemerkt, daß es Ihnen offensichtlich unbehaglich war, als Sie die Verkaufszahlen erwähnten. Was ist los?« Wenn andere aufgeschlossen und guter Stimmung sind, nehmen sie solche Bemerkungen oft gerne und sogar dankbar auf. Aber angenommen, Ihr Chef ärgert sich über die Verkaufszahlen und beschließt, seine Wut an Ihnen auszulassen. Er brüllt Sie an, Sie sollten sich um Ihre eigenen Leistungen kümmern und nicht darum, wie er wirkt.

Solcherlei geschieht anfänglich in der Kindheit, wenn man uns bittet oder zwingt, über Dinge, die wir wahrnehmen, hinwegzusehen, um den Status quo zu wahren. In unseren Integritäts- und Visionsschulungen stellen wir regelmäßig fest, daß in einem Raum mit fünfzig Leuten an die dreißig sich erinnern können, als Kind wegen einer ausgesprochenen Intuition, Eingebung oder Bemerkung gescholten worden zu sein. Manchmal genügt eine einzige negative Erfahrung, um die angeborene Gabe der Intuition auszulöschen. Das Positive daran ist, daß der Mensch durch seine Anpassungsfähigkeit solche frühkindlichen Prägungen zu überwinden und der Intuition wieder den nötigen Freiraum zu verschaffen vermag, in dem sie aufblühen kann.

Ed McCracken von Silicon Graphics hat eine bemerkenswerte Begebenheit über die Macht des Gespürs für Menschen erlebt: »Wir waren gerade mitten in komplizierten Verhandlungen, in denen es um Hunderte von Millionen Dollar ging. Wir waren bei einer Differenz von etwa 75 Millionen Dollar steckengeblieben, und die Frustration nahm allseits immer mehr zu. Schließlich unterbrachen wir die Sitzung mit einer Pause, um nachzudenken. In dieser Pause wurde uns klar, daß der Streitpunkt nichts mit den technischen Einzelheiten des anstehenden Geschäfts zu tun hatte. Vielmehr ging es eigentlich darum, daß die andere Seite sich fragte, ob wir sie mochten. Wir hatten versucht, immer noch mehr Einzelheiten zu liefern, dabei ging es in Wirklichkeit um Gefühle. Als wir wieder zusammenkamen, betonten wir, wie sehr wir sie mochten und mit ihnen zusammenarbeiten wollten. Innerhalb von kürzester Zeit war das Geschäft abgeschlossen.«

Mitarbeiter intuitiv einstellen

Intuition: Führung durch Wecken des vollen Potentials

Lou Ann Scardino, Vice-President einer Kosmetikfirma, traf die Entscheidung für eine Schlüsselposition mit Hilfe ihrer Intuition, und später erwies sich diese als exakt und äußerst einträglich. »Wir brauchten einen neuen Leiter für unsere Produktentwicklungsabteilung. Wir hatten Gespräche mit einem halben Dutzend Leuten, und davon kamen zwei in die engere Wahl. Sie waren beide hochqualifiziert, aber so verschieden voneinander, wie es zwei Menschen nur sein können. Larry war redegewandt, sah gut aus – bis hin zu den Manschettenknöpfen und dem Anzug von Armani –, und zudem hatte er Charme. Er hatte auch ein gutes Zeugnis über seine Laufbahn bei einer anderen Firma vorzuweisen, der Schein trog also offensichtlich nicht. Andy, der jahrelang in einer anderen Abteilung unserer Firma gearbeitet hatte, war immer völlig zusammengewürfelt angezogen. Er sah ein wenig wie ein erwachsener Goofy – der Walt-Disney-Hund – aus, fast ein bißchen wie ein Hanswurst. Ich hatte mir viele Gedanken über die beiden gemacht, aber schließlich half mir meine Intuition.

> *Intuitive Manager haben besondere Fähigkeiten, die in der schnellebigen Umgebung von morgen wahrscheinlich noch wertvoller sein werden. Sie sind vermutlich diejenigen, die die neuen Produkte der Zukunft erträumen. Sie sind es, die ein Gespür dafür haben, was der Konsument will und wieviel sie oder er dafür bezahlen will.*
>
> WESTON AGOR

Eines Sonntagnachmittags ging ich mit einem Glas Wein auf die Veranda und nahm mir ein paar Minuten Zeit, um Kontakt zu meiner Intuition aufzunehmen und das Problem zu lösen. Ich zentrierte mich und stellte die Frage: ›Welcher von diesen beiden wäre der bessere Mann für das Geschäft?‹ Es war faszinierend und auch etwas beängstigend, denn jedesmal, wenn ich mich auf Larry einstellte, gingen Alarm-

zeichen los, und körperliche Schmerzen setzten ein, wie wenn jemand mit einer Kreide über eine Wandtafel kratzte; aber wenn ich mich Andy zuwandte, kehrte Ruhe ein, ich fühlte mich zentriert und sah in Bildern, wie er einen beruhigenden Einfluß auf das Team ausüben würde.
Montag traf ich die Entscheidung und gab Andy den Posten. Gleichzeitig bot ich Larry eine andere Stellung in einer unserer Marketingabteilungen an. Er nahm sie an, und etwa zwei Monate lang ging alles gut. Dann wurde er in eine schwierige Scheidung verwickelt, und seine Leistungen ließen sehr rasch stark zu wünschen übrig. Er bekam eine Geldstrafe wegen Fahrens in angetrunkenem Zustand und danach noch eine, worauf man ihm den Führerschein entzog. Wir ließen ihn gehen und verhalfen ihm zu einer Behandlung. Inzwischen habe ich gehört, daß er den Beruf gewechselt hat und Drogen- und Alkoholsuchtberater geworden ist. Andy hat sich unterdessen als hervorragender Teamleiter entpuppt. Ich bereue nur, daß ich nicht ganz auf meine Intuition geachtet und Larry überhaupt keine Arbeit angeboten habe. Wahrscheinlich habe ich mich von seinem Charme so benebeln lassen, daß ich mich nicht ganz auf meine Intuition verließ.«

Angst trübt die Intuition

Intuition muß gefördert werden. Zuerst muß man sie entdecken, damit sie auftaut und sich entfalten kann. Da die Intuition eine natürliche, »eingebaute« Gabe ist, gibt es nichts zu tun, um intuitiv zu werden. Es geht vielmehr darum, die Dinge auszuräumen, die ihrer Anwendung und Würdigung im Wege stehen. Angst ist das erste, was es aus dem Weg zu räumen gilt.
Angst begünstigt Projektion, und diese würgt die Intuition

Intuition: Führung durch Wecken des vollen Potentials

ab. Wir wissen beispielsweise, daß viele Hunderte von Menschen, die jeden Tag zum Flughafen eilen, bildlich vor sich sehen, wie ihr Flugzeug gerade abstürzt. Beinahe nie stellen sich diese »Geistesblitze« als zuverlässige Intuitionen heraus. Solche Bilder entstehen aus inneren Ängsten, die auf den Flug projiziert werden.

Lernen Sie beim Schärfen Ihrer Intuition, die Stimme der Angst von der Stimme der Intuition zu unterscheiden. Vielleicht kommt Ihnen der Gedanke, Sie sollten nicht zum Vertreterbesuch nach New York gehen. Rührt dieser Gedanke daher, daß Sie Angst haben, Sie könnten den Verkauf nicht tätigen? Oder ist es eine echte Intuition, daß Ihre Reise nichts bringt? Es gibt nur eine Möglichkeit, um das herauszufinden: Geben Sie Ihre Ängste erst einmal zu. Finden Sie heraus, wie die Angstgedanken aussehen und sich anfühlen, und lernen Sie zwischen ihnen und echten intuitiven Treffern zu unterscheiden. Das erfordert Übung.

Geschäftsleute leiden oft unter einer ganz bestimmten Angst, die ihre Kreativität und Intuition begrenzt. Offen gesagt handelt es sich hierbei um die Angst, dumm dazustehen. Seien wir doch mal ehrlich: Wir haben uns alle schon mindestens einige Male in unserem Leben blamiert. Dadurch hat sich die Angst, dumm dazustehen, tief im Körper festgesetzt. Alle, die unsere Schulen durchlaufen haben, lernten jahrelang, möglichst nicht dumm dastehen zu wollen.

Um die Kreativität und Intuition anzuzapfen, müssen wir diese Angst vertreiben. Angst hält uns im Bereich des Vorhersehbaren fest. Solange wir im Bann der Angst, lächerlich zu wirken, stehen, entwerfen unsere Kollegen, die diese Angst überwunden haben, eifrig neue Geräte, denken sich umwerfende Kampagnen aus und schlagen eine geniale Aufgabenverteilung für die Belegschaft vor. Natürlich können einige ihrer Entwürfe und Kampagnen sich als töricht und

Der ganzheitliche Manager als Führungskraft: Zum Ursprung werden

völlig undurchführbar herausstellen. Aber dann atmen sie einfach tief durch und gehen zurück an ihr Zeichenbrett.
Der President eines Unternehmens erzählte: »Wenn ich völlig blockiert bin, schaue ich mir gerne Leonardo da Vincis Notizbücher an. Viele seiner Entwürfe waren absolut lächerlich und sind es heute noch. Aber einige seiner Erfindungen waren nur im Rahmen seiner Zeit lächerlich. Seine Entwürfe des Fallschirms und Helikopters stimmen grundsätzlich, nur waren sie ihrer Zeit fünfhundert Jahre voraus. Aber was ich so beachtenswert finde, ist die Tatsache, daß seine Hingabe an die Kreativität größer war als seine Angst, sich lächerlich zu machen. Er war bereit, mit seiner Kreativität herumzuspielen, was eindeutig den Meister kennzeichnet.«

> *Die größten Fortschritte im menschlichen Verständnis des Universums werden nicht durch intellektuelle Spaziergänge auf ausgetretenen Wegen erlangt, sondern durch intuitive Sprünge an der Grenze des Wissens.*
>
> Dr. med. ANDREW WEIL

Viele müssen durch das Tor einer weiteren Angst schreiten, um in den Bereich der Intuition zu gelangen: der Angst, verrückt zu sein. Manche Menschen haben Angst davor, sich dem Ungewissen in sich aufzuschließen, weil sie fürchten, tief in ihrem Inneren schlummere irgendein Ungeheuer. Manche sind mit Menschen aufgewachsen, deren Intuition von irrationalen Handlungen durchsetzt war, so daß sich später ein Widerstand gegen die Intuition aus Angst vor der eigenen inneren Stimme regt. Beide Autoren hatten Familienangehörige und Bekannte, die in diese Gruppe paßten.
Gay sagt folgendes dazu: »Als meine Großmutter mütterlicherseits langsam senil wurde, erhöhten sich ihre telepathischen Fähigkeiten in direktem Verhältnis zu ihren paranoiden Phantasien. Manchmal landete sie einen großartigen intuitiven Treffer und sagte das Eintreffen des Briefes einer entfernten Verwandten richtig voraus. Solche zutreffenden

intuitiven Voraussagen waren aber mit völlig verrückten vermischt, etwa ihrer Überzeugung, meine Mutter habe eine Affäre mit Franklin Delano Roosevelt. Ich glaube, deswegen hat die ganze Familie Angst vor der Intuition bekommen.« Und Kate fügt hinzu: »Ich hatte einen Nachbarn, der sich einer Leukotomie unterziehen mußte, als ich noch ein Kind war, und daraufhin bekam ich Angst vor dem, was mir zustoßen könnte, wenn ich auf meine inneren Stimmen hörte. Außerdem wimmelte es in den Kinderbüchern nur so von Hexenarchetypen, die kleine Mädchen nicht gerade ermutigten, sich mit ihren eigenen Zauberkräften abzugeben.«

Intuition: Führung durch Wecken des vollen Potentials

Wenn Sie eine solche Angst in sich entdecken, müssen Sie wissen, daß sie völlig normal und natürlich ist. Viele mußten sie zuerst überwinden, um eine tragbare Basis im Umgang mit ihrer Intuition herzustellen. Genauso, wie der erste Sprung ins Wasser oft angst macht, macht auch ein Sprung in das weite Meer der intuitiven Kräfte angst. Wenn Sie es sich jedoch dort wohl sein lassen, erleben Sie echte und nützliche Freuden.

Den inneren Kritiker ausschalten

Die meisten Menschen haben sich beim Erwachsenwerden einen gestrengen inneren Kritiker und Scharfrichter herangezogen. Diese mentalen Marionettenmeister lassen uns ohne unser bewußtes Zutun auf der Stelle erstarren oder durch Reifen springen. Es gibt nur eine Art, sich diesen Richter und Kritiker anzueignen: Jemand hat uns gesagt, es stimme etwas grundsätzlich nicht mit uns. Wir waren nicht in Ordnung, weil wir die falsche Farbe oder das falsche Geschlecht hatten und der falschen sozialen Klasse angehörten. Auch wenn Sie sich darüber hinweggesetzt haben, sind oft Überbleibsel davon immer noch tief in Ihren Zellen begraben. Vielleicht meinen Sie, einen Fehler zuzugeben sei dasselbe wie zuzugeben, daß etwas an Ihrem Dasein grundsätzlich schlecht ist. Niemand sieht sich das gerne an, und deshalb schützen wir uns oft davor, indem wir immer recht behalten wollen.

In unseren Beratungen haben wir oft große Durchbrüche erlebt, wenn Führungskräfte davon ablassen konnten, immer recht haben zu wollen. Das Loslassen dieses Bedürfnisses trägt ebenfalls wesentlich zur Entfaltung der intuitiven Kräfte bei. Der Zugang zur Intuition läßt sich am besten in einer urteilslosen geistigen Haltung bewerkstelligen, einer Haltung, die in etwa besagt: »Ich will einfach aufnehmen, was aus den Tiefen meiner Intuition aufsteigt, und es später abwägen, beurteilen und zurechtstutzen.« So setzt man die Urteilskraft und das Einschätzungsvermögen des Geistes richtig ein.

Die Angst vor der eigenen Macht

Die vordringlichste Angst des Menschen ist die vor dem Ungewissen. Sie kann Ihnen den Zugang zu Ihrer Intuition sehr erschweren, und sie bewirkt, daß wir uns in der Behaglichkeitszone aufhalten, in der weder Kreativität noch Intuition zu Hause sind. Solange die Angst vor dem Ungewissen uns in ihren Klauen hat, sind uns große geistige Sprünge verwehrt.

Die Angst vor dem Ungewissen ist eigentlich die Furcht vor den Höhen und Tiefen unserer eigenen Macht. Wenn wir uns aufschließen und Verbindung mit der gewaltigen Kreativität unserer Intuition aufnehmen, öffnen wir uns gleichzeitig der Schöpferkraft des Universums, die wie in einem Mikrokosmos in uns enthalten ist. Das ist starker Tobak, so stark, daß man allgemein dazu neigt, jeglichen Kontakt zu diesem kreativen Potential zu meiden. Wir machen uns vor, es sei sicherer, im Bereich des Vorhersehbaren zu bleiben. Aber das ist oft ein schlechtes Geschäft, besonders wenn wir im Leben wirklich erfolgreich sein wollen. In dem Moment, in dem wir beschließen, im Bereich des Vorhersehbaren zu bleiben, unterzeichnen wir unser Todesurteil als kreatives Geschöpf.

Intuition: Führung durch Wecken des vollen Potentials

Außerdem fürchten wir die große Verantwortung, die mit großer Macht einhergeht. Die Intuition stellt die Verbindung zu unserer Fähigkeit her, die Welt zu gestalten und immer wieder neu zu gestalten. Wir haben beispielsweise einen Geistesblitz über die Zusammensetzung des Atoms, aber damit geht die Verantwortung über die Verwendung dieses Wissens einher. Anstatt sich gegen die Kraft der Intuition und der damit einhergehenden Verantwortung zu sträuben, nimmt der ganzheitliche Manager beide zusammen an.

> *Die Intuition verwandelt Träume oft in handfeste Tatsachen.*
>
> BUCKMINSTER FULLER

Intuition ist ein Phänomen der Zwischenräume

Die Intuition hält sich in den Räumen zwischen den alltäglichen Gedanken auf. Die meiste Zeit sind unsere Gedanken offenbar so eng ineinander verschlungen, daß es keinen Platz dazwischen zu geben scheint. Aber wenn Sie aufmerksam hinschauen, stellen Sie fest, daß es zwischen und hinter all Ihren Gedanken einen offenen Raum gibt. Die Intuition findet in diesen Zwischenräumen statt.

Der Zwischenraum ist der Arbeitsbereich des ganzheitlichen Managers. Er fühlt sich in diesen Zonen wohl, während nichtganzheitliche Manager dort Angst verspüren. Letztere fühlen sich nur im vorhersagbaren Bereich ihrer eigenen bekannten Gedanken wohl. Erstere können sich nicht sehr lange im Bereich des Bekannten aufhalten, ohne Lähmungs-

Der ganzheitliche Manager als Führungskraft: Zum Ursprung werden

erscheinungen zu bekommen. Wenn Sie die Intuition aufspüren und Freundschaft mit ihr schließen wollen, müssen Sie in den Zwischenraum eintreten.

Es gibt erprobte Weisen, um in die Zwischenräume einzutreten, beispielsweise Meditation. Im dritten Teil dieses Buches führen wir eine kurze, wirksame Methode an, mittels deren man in diese Regionen gelangen und die Intuition anzapfen kann. Es gibt auch noch andere Methoden. Die einfachste ist, eine Frage zu stellen und dann den Drang nach einer unmittelbaren Antwort loszulassen. Es ist wie beim Säen: Sie säen die Frage, lassen los und warten darauf, sich später von einer Antwort überraschen zu lassen.

Machen wir jetzt gleich ein Experiment: Stellen Sie eine Frage, die Ihnen wichtig ist. Fragen Sie einfach innerlich, und lassen Sie dann los. Wenn es Ihnen gelingt, können Sie sehen, wie die Frage von einem offenen, weiten Raum umgeben ist. Das ist der Zwischenraum. Entspannen Sie sich einfach in diesen Raum hinein, und machen Sie es sich dort bequem. Das ist der Bereich, in dem sich der ganzheitliche Manager wohl fühlt: das freundliche Unbekannte, der Bereich aller Möglichkeiten. Von irgendwoher in diesem Raum werden Sie wahrscheinlich von der Antwort auf Ihre Frage überrascht, wenn die Zeit dazu reif ist.

> *Was zählt, sind die Zwischenräume. Die Zwischenräume sind das Zuhause des Geistes, die Höhen und Breiten, die so strahlend karg und rein sind, daß sich der Geist darin wie ein einstmals Blinder, der wieder sehen kann, neu entdeckt.*
>
> ANNIE DILLARD

Kontrolle erstickt die Intuition

Wenn Sie sich gerne ständig im Bereich der Intuition aufhalten möchten, statt einfach nur dort zu Besuch zu sein, können Sie üben, die Fäden der Kontrolle aus der Hand zu ge-

Intuition: Führung durch Wecken des vollen Potentials

ben. Das fällt Geschäftsleuten schwer, weil sie häufig der Ansicht sind, sie hätten ihre jetzige Stellung durch Kontrolle erreicht. Aber um den Weg zum Erfolg ganz bis zum Ende zu gehen, sollten Sie das kontrollieren, was sich kontrollieren läßt, und alles andere, das sich Ihrer Kontrolle entzieht, loslassen lernen. Dafür gibt es eine ganz einfache Methode. Stellen Sie sich zwei Schachteln vor. Die erste Schachtel trägt ein Etikett mit der Aufschrift: »Dinge, über die ich nicht die geringste Kontrolle habe.« Auf der zweiten steht: »Dinge, über die ich vollständige Kontrolle habe.« Ganzheitliche Manager lernen, alles in ihrem Leben der richtigen Schachtel zuzuordnen und dann ihre gesamte Aufmerksamkeit der zweiten Schachtel zuzuwenden.

Die erste Schachtel ist erstaunlich groß, und je mehr Sie darüber nachdenken, desto größer wird sie. Zu den Dingen, über die Sie keine Kontrolle haben, gehören:

- Gefühle und Verhalten anderer Menschen,
- alles, was bereits geschehen ist – also die Vergangenheit,
- alles, was noch nicht geschehen ist – also die Zukunft,
- die meisten körperlichen Vorgänge.

Sie können weder andere Menschen noch die Vergangenheit oder Zukunft unter Kontrolle halten. Aber wie steht es mit dem letzten Punkt in unserer Aufzählung? Viele glauben, sie hätten Kontrolle über die Vorgänge in ihrem Körper. Vergessen Sie es, Kontrolle über Ihre arme Leber ausüben zu wollen, die jede Minute mehrere hundert Dinge tut, die meisten davon unaussprechlich. Überlegen Sie sich die Kontrolle über Ihre Gefühle. Stellen Sie sich vor, daß Sie unmittelbar vor einer Ansprache Angst haben. Wenn Sie Ihre Angst unter Kontrolle hätten, könnten Sie sie verscheuchen. Wir wissen alle nur zu gut, wie wenig uns das gelingt. Deshalb rät der weise Unternehmer: Wenn Sie Angst haben (oder

Der ganzheitliche Manager als Führungskraft: Zum Ursprung werden

wütend oder traurig sind), nehmen Sie es einfach zur Kenntnis, stimmen sich darauf ein und sagen die Wahrheit darüber. Zu versuchen, Gefühle unter Kontrolle zu halten, ist wie der Versuch, einen Gartenschlauch in der Mitte zusammenzudrücken, während das Wasser voll aufgedreht ist.
Oder denken Sie an Ihr Gewicht. Sogar das vollkommenste physische Exemplar hat keine Kontrolle über ihr oder sein Gewicht. Sie glauben das nicht? Stellen Sie sich einmal auf Ihre Waage, und sehen Sie nach, wie schwer Sie sind. Versuchen Sie dann, zu- oder abzunehmen. Hat sich das Gewicht so verändert, wie Sie wollten? Nein. Sie haben keine Kontrolle darüber. Aber worüber haben Sie denn Kontrolle? Was können Sie in die zweite Schachtel tun? Sie haben die vollständige Kontrolle über das, was Sie sich in den Mund schieben. Sie haben vollkommene Kontrolle darüber, ob Sie gerade jetzt aufstehen und auf Ihr Sportrad steigen wollen. Was Sie kontrollieren können und was nicht, das ist die wesentliche Unterscheidung. Der ganzheitliche Manager konzentriert sich auf alles, was er kontrollieren kann, und nimmt das übrige so an, wie es ist. Weil er grundsätzlich die Realität genauso akzeptiert, wie sie ist, wird es ihm möglich, sie zu verändern.
Beziehungen mit anderen? Hier haben wir es wirklich mit etwas zu tun, worüber wir keine Kontrolle ausüben. Je mehr Sie es versuchen, desto schlimmer wird es. Fragen Sie nur einen früheren Tyrannen. Mao befahl einst, daß jeder Chinese sein Rotes Büchlein lesen sollte, um die Bürger davon zu überzeugen, daß der Kommunismus besser sei als der Kapitalismus. Heute ist das Büchlein eine Rarität, die man in Souvenirläden entlang der Großen Mauer kaufen kann. Und das Bild Maos prangt auf unzähligen T-Shirts, die die Chinesen nur zu gerne gegen kapitalistische Bluejeans eintauschen.

Intuition: Führung durch Wecken des vollen Potentials

Der ganzheitliche Manager kennt den Unterschied zwischen Kontrolle und Einfluß. Sie können zwar andere Menschen, die Vergangenheit, Zukunft und auch vieles an sich selbst nicht kontrollieren, aber Sie können es beeinflussen. Kontrolle entspringt der Angst – Einfluß wird bewußt mit einem Ziel und Plan ausgeübt. Kontrolle ist das Kind der Verzweiflung – Einfluß übt man wie ein Geschäft aus.

Die Kontrolle aufzugeben ist der erste Schritt. Er setzt die Energie frei, die Sie brauchen. Es gibt eine einfache, wirksame Strategie, mit dem gesamten Inhalt der ersten Schachtel umzugehen – mit allem, worüber Sie keine Kontrolle haben. Sehen Sie es genauso an, und akzeptieren Sie es genauso, wie es ist. Viele verbraten ihre ganze Energie mit Widerstand gegen Gegebenheiten, die sie nicht ändern können. Genau diese Energie ist der Treibstoff für wundersame Entwicklungen, wenn sie freigesetzt wird.

Die Drei-Millionen-Dollar-Intuition

Kate, die sich als extrem risikoscheu bezeichnet, hat die Intuition dazu verwendet, mit ihrer Angst vor Risiken umzugehen und ein Unternehmen zu gründen, das seither bemerkenswerte Ergebnisse erzielt hat: »Ich nahm mir den Januar 1991 frei, um mich als Belohnung für mein erstes Jahr als Beraterin, in dem ich eine halbe Million Dollar in Rechnung gestellt hatte, auszuruhen und zu entspannen. Die meiste Zeit verbrachte ich mit meiner Tochter und genoß es, viel draußen zu sein. Ein Jahr lang hatte ich mit dem Gedanken gespielt, eine Markensoftware zur Durchführung von psychologischen Führungskräfteuntersuchungen (Assessments) und anderen Untersuchungen zu entwickeln. Jedesmal wenn ich daran dachte, stellte sich dieses ganz eigene aufgeregte Gefühl in der Herzgegend ein, das ich bekomme, wenn

Der ganzheitliche Manager als Führungskraft: Zum Ursprung werden

ich einer Intuition rasch nachkommen sollte. Der Haken war nur, daß solche Entwicklungen teuer sind, und ich mußte dafür tief in die Tasche greifen. Außerdem sprach ich bei einigen Unternehmen vor, um abzuschätzen, wie solche Allround-Abklärungen wohl aufgenommen würden. Die Begeisterung hielt sich in Grenzen, weil niemand wußte, daß sich solche Assessments einige Jahre später rasch überallhin verbreiten würden.

Ich beschloß, den Gedanken mit Ken Schroeder, dem President von KLA Instruments, zu besprechen, der Mitte der achtziger Jahre mein Mentor gewesen war und mich in meiner Laufbahn begleitet hatte. Ken legte mir wärmstens ans Herz, es zu wagen. Ich erhob einigen Einspruch dagegen und sagte, meine Tochter würde eben erst mit der Uni beginnen und ich hätte kein überschüssiges Geld für solche Ausgaben. Ungeachtet dessen, was der Kritiker in mir dazu zu sagen hatte, vertraute ich Ken und auch meinem eigenen Körpergefühl bei meiner Intuition. Obwohl ich wenig Unterstützung von potentiellen Kunden bekam, beschloß ich, das Projekt in Angriff zu nehmen. 1991 gab ich 20 000 Dollar für die Produktentwicklung aus. Nachdem ich mein eigenes Geld und meine Zeit eingesetzt hatte, bekam ich 15 000 Dollar von Intel, um die Software für sie maßzuschneidern. Somit hatte ich selbst eigentlich nur 5000 Dollar hineingesteckt. Bis heute hat das Produkt mir drei Millionen Dollar eingebracht. Ich bin Ken unendlich dankbar, daß er mich in meinem Glauben daran und an meine eigene Intuition unterstützt hat.«

> *Laß dir nie eine gesunde Neugier abhanden kommen.*
>
> ALBERT EINSTEIN

ZWEITER TEIL

Der ganzheitliche Manager in der Praxis

Beherzte Lösungen für alltägliche Geschäftsprobleme

In diesem Teil beschreiben wir einige Lösungen, die ganzheitliche Manager zu einigen der alltäglichsten Probleme in der Geschäftswelt, denen wir in den 25 Jahren unserer Beratertätigkeit begegnet sind, gefunden haben. In den Beispielen zeigt es sich, wie ganzheitliche Manager anhand der Grundsätze Integrität, Vision und Intuition vorgehen. Auf unseren Reisen haben wir festgestellt, daß sich Probleme damit in vier Hauptbereichen ergeben.

Beweise Schlichtheit,
begrüße Einfachheit.

LAOTSE

Der erste ist *Pflichtgefühl.* Wenn die Leute kein Pflichtgefühl haben und sich nicht einsetzen, kommt wenig zustande. Vielen Unternehmenskulturen sind solche fehlenden Pflichtgefühls und Einsatzes. In einigen der größten und ältesten Unternehmen, die wir gesehen haben, schwingen Anspruchsdenken, Apathie und unverblümte Sabotage das Zepter. Um diese Unternehmen umzukrempeln, mußte Grundlagenarbeit im Bereich des Pflichtgefühls und Einsatzes geleistet werden.

Der zweite – sehr umfassende – Bereich betrifft die *Kommunikation.* Ungeachtet zahlloser Bücher über betriebliche Kommunikation begegnen wir immer wieder denselben alten Verständigungsstörungen. Einer unserer frustrierten Kollegen faßte es am Ende einer langen Sitzung so zusammen: »In den meisten Unternehmen verläuft die Kommunikation ungefähr auf der Stufe der untersten Klassen einer durchschnittlichen Mittelschule. Und das ist großzügig den Unternehmen und eine Beleidigung den Mittelschülern gegenüber.«

Es ist einfach unumgänglich, einige grundsätzliche Kommunikationsregeln mutig anzuwenden. Nachfolgend haben wir einige Grundsätze festgehalten, die nachgewiesenermaßen den größten Nutzen brachten.

Der dritte Bereich betrifft das *Projektmanagement.* Bei jedem dynamischen menschlichen Unterfangen ergeben sich unerwartete Wendungen. Die tägliche Erfahrung, daß Unerwartetes geschieht, bestimmt eigentlich das Firmenleben. Und das verspricht sich im 21. Jahrhundert noch zu verstärken. Erfolgreiche Unternehmen werden sich dann wahrscheinlich vor allem dadurch auszeichnen, wie wohl es ihnen bei Veränderungen ist oder sogar wie begeistert sie diese aufnehmen und zudem wie sehr im Umgang mit Unerwartetem auf sie Verlaß ist.

Im vierten Bereich geht es um das *Erzeugen von Wohlstand.* Die meisten Menschen arbeiten nicht für Geld allein, aber selten ohne welches. Den meisten Kollegen geht es darum, Wohlstand für sich und andere zu schaffen. In unserer Beratertätigkeit hatten wir Gelegenheit, viele Millionäre – die es aus eigener Kraft geschafft hatten – zu befragen, wie sie vorgegangen waren, um diesen Wohlstand zu erlangen, und sie haben uns mit Ideen in Hülle und Fülle versorgt. Diese sind an sich schon faszinierend genug, aber ihr praktischer Wert liegt darin, daß sie funktionieren. Wir haben selbst jede einzelne der nachfolgend beschriebenen Methoden ausprobiert, und die unmittelbare Folge davon war Mehrung des eigenen Wohlstands.

KAPITEL 4

Zum Einsatz begeistern

Durch das eigene Beispiel mitreißen

Fünf Frösche saßen auf einem Baumstamm. Einer beschloß, zu springen. Wie viele Frösche bleiben zurück?

Fünf. Es ist ein himmelweiter Unterschied zwischen dem Entschluß zum Sprung und dem eigentlichen Sprung. Inspirierte Führungskräfte wissen zu völligem Einsatz zu begeistern, damit keine Frösche auf dem Unternehmensstamm sitzen bleiben. Das ist »froschlose Führung«.

> *In unserem Zeitalter führt der Weg zur Heiligkeit zwangsläufig durch die Welt der Tat.*
>
> DAG HAMMARSKJÖLD

»Mitmachen« ist das A und O in jedem Lebensbereich, egal, ob in der Familie, beim Spiel oder an der Arbeit. Haben Sie je versucht, mit einem Partner zu spielen, der nicht wirklich mitmachen wollte, sei es beim Tennis, im Geschäft oder in der Ehe? Es braucht nur einen einzigen in einem Team, der nicht mitspielen will, und das Spiel geht baden.

Der Untergang eines mehrere Millionen schweren Unternehmens verdeutlicht, was geschieht, wenn übersehen wird, daß die Leute nicht mitmachen. Wir kamen dazu, als das Fiasko schon perfekt war, und sollten versuchen, einen Notverkauf zu tätigen, aber es war zu spät. Weil es das Unternehmen so viel gekostet hatte, machten wir uns die Mühe, die verschiedenen Schritte zurückzuverfolgen, die zu diesem Debakel geführt hatten.

Folgendes war geschehen: Ein neues riskantes Geschäft wurde in einer der größten amerikanischen Kommunikationsfirmen ausgeheckt. Ein brillanter Entwickler hatte ein neues Produkt für die Telekommunikation entworfen. Aber es mußte schnell gehen, weil in mindestens zwei weiteren Firmen gleichzeitig ebenfalls an der Entwicklung dieser Technologie gearbeitet wurde. Finanziell war den Geldgebern eine zeitliche Frist von eineinhalb Jahren zugesichert worden. Als die Manager damit zu den kreativen Herstellern kamen, die es tatsächlich bauen und herausbringen sollten, wurde die Frist von eineinhalb Jahren mit Hohn und Spott aufgenommen. Die Antwort war ganz eindeutig: »Unmöglich.«

Unter diesem Widerstand verbargen sich einige Schichten von Angst: davor, die Arbeit zu verlieren, Abende und Wochenenden nicht bei der Familie zu sein, die Angst vor Konflikt mit dem Management. In seinem Eifer, das Produkt herzustellen, überrollte das Management diesen Widerstand mit schwerem Geschütz und versprach hohe Entschädigungen, wenn die Frist eingehalten würde. Der Widerstand tauchte unter. Der eine Fehltritt, der rückblickend den Ausschlag gegeben hatte, war, daß die Beteiligten ihren Gefühlen nie hatten Luft machen können. Alle sagten zwar, sie würden sich an die Frist halten, aber das Designerteam kam nie richtig in die Gänge.

Bald verbreitete sich Mißtrauen um das Projekt. Alle hatten sowohl eine öffentliche als auch private Meinung dazu. Das Hauptthema geflüsterter Gespräche in der Mittagspause war die Frist. Achtzehn Stunden Arbeit sechsmal die Woche waren an der Tagesordnung, und viele kamen auch an den Sonntagnachmittagen. Schließlich spitzte sich alles einige

Monate vor Ablauf der Frist zu, bis es zu einem Ausbruch der Gefühle zwischen dem Leiter des Designerteams und dem Leiter der Finanzen des Unternehmens kam. Es gab allgemeine Gefühlsergüsse und eine jener wirren Konfrontationen, wie sie besonders bei Ingenieuren sehr unbeliebt sind. Die Frist wurde als unerreichbar erklärt, Drohungen wurden ausgesprochen, und drei Leuten war es übel, als sie nach Hause gingen.

Zum Einsatz begeistern: Durch das eigene Beispiel mitreißen

Von da an war die Stimmung gedrückt; das änderte sich erst, als die Frist um fünf Monate verlängert wurde. Unterdessen brachte Firma B ihr Produkt einige Monate früher auf den Markt, den sie bald darauf beherrschte. Unsere Firma brachte das Produkt nach Ablauf der neuen Frist ebenfalls heraus, aber da gab es nichts mehr zu holen.

Das Ganze hätte vermieden werden können. Im Rest dieses Kapitels zeigen wir Ihnen auf, wie.

Die häufigste Ursache für mangelnden Einsatz

Als Berater sind wir folgendem Problem für mangelnden Einsatz am häufigsten begegnet: Die Leute stehen nicht hinter einem Projekt, einer Aufgabe oder einer Vision. Der Chef nimmt diesen Mangel nicht wahr oder zieht es vor, darüber hinwegzugehen. Anstatt sich zu melden und sämtliche Gründe anzuführen, weswegen es ihnen widerstrebt, schlucken die Leute hinunter, was sie dazu zu sagen hätten, und tun so, als hätten sie angebissen. Pflichtschuldig ziehen sie im Gänsemarsch von der Sitzung ab, und dann fangen die Probleme an. Sie leisten passiven Widerstand oder beenden die Arbeit nicht rechtzeitig. Sie klatschen über das Projekt oder den Chef oder die Leute, die sich dafür begeistern. Und diese Probleme rühren alle nur daher, daß die Leute sich nicht klar dafür einsetzen.

Ähnlich sieht das Problem aus, wenn eine Abmachung getroffen – etwa eine bestimmte Frist gesetzt – wird, dann aber etwas dazwischenkommt, was sich der Kontrolle der Beteiligten entzieht, und sie nicht wissen, wie sie die Vereinbarung ändern sollen. Dann kommen sie nicht mehr in die Gänge, lassen sich krankschreiben, und das Projekt wird verzögert.
Die Lösung ist offensichtlich, allerdings nicht so leicht umzusetzen. Führungskräfte müssen die Fähigkeit entwickeln, Signale fehlenden Einsatzes zu erkennen. Diese lassen sich am besten an der Körpersprache ablesen. Achten Sie auf abgewendete Augen, den Blick auf die Uhr, das nervöse Spielen mit der Kaffeetasse. Es gibt dutzenderlei Arten, wie Leute ihre Gefühle nonverbal mitteilen. Führungskräfte mit Köpfchen müssen bereit sein, herauszufinden, was sich hinter einer solchen Unruhe verbirgt.
»Bill, ich habe gemerkt, daß es dir offenbar nicht wohl war, als wir die Frist setzten. Ich möchte gerne wissen, wie es dir eigentlich dabei zumute ist.« Ein solcher Moment ist oft unangenehm für Führungskräfte, die meistens lieber hören, was sie eigentlich hören wollten. Dabei empfinden die Mitarbeiter etwa:

- Angst, daß sie ihr Wort nicht halten können,
- Sorge, daß die nötigen Mittel nicht verfügbar sein könnten,
- Angst, daß ein zeitaufwendiges Projekt dem Familienleben schadet.

Es ist außerordentlich wichtig, daß Führungskräfte gleich am Anfang auf Zeichen mangelnder Verpflichtung achten und Mitarbeiter zu Wort kommen lassen. Ebenso wichtig ist es, ein Klima zu schaffen, in dem diese sagen können, wo sie der Schuh wirklich drückt, ohne befürchten zu müssen, dafür bestraft zu werden. Dabei spielt das Timing eine sehr wichtige Rolle: Manche äußern sich nur ungern in Sitzungen. Bei einer Tasse Kaffee kann man später mit ihnen darüber sprechen. Einfühlsame Führungskräfte lernen den jeweiligen Verhaltensstil ihrer Leute in Schlüsselpositionen kennen und stellen sich auf jeden einzelnen ein, um den besten Zugang zu ihnen zu finden.

Zum Einsatz begeistern: Durch das eigene Beispiel mitreißen

Mit ein paar Gramm einer solchen Aufmerksamkeit am Anfang lassen sich eine Tonne Probleme später vermeiden.

Das Ziel kennen

Der erste Schritt, Leute zu bewegen, damit sie sich zu etwas verpflichten, besteht darin, daß Sie Ihr eigentliches Ziel kennen. Es ist schwierig, Einsatzbereitschaft zu vermitteln, wenn Sie Ihr Ziel nicht in einen klaren Satz fassen können. Es wird ebenso schwer, sich für etwas zu engagieren, wenn man nicht weiß, um was es geht. Außerdem ist es problematisch, andere zu etwas zu verpflichten, wenn sie sich nicht darüber im klaren sind, wozu sie sich verpflichten. Über eines haben Sie in Ihrem Leben voll und ganz die Kontrolle, und zwar worauf Sie sich konzentrieren wollen.

Es hat einmal eine Untersuchung gegeben, bei der Yale-Abgänger des Jahres 1950 im Verlauf ihres Lebens regelmäßig nach ihrem Wohlbefinden, Glück und finanziellen Wohlstand befragt wurden. Sie waren alle helle Köpfe, und viele darunter reich. Aber drei Prozent unter ihnen hatten etwas, was sich später als entscheidend herausstellen sollte. Als sie zum ersten Mal befragt wurden, hatten diese drei Prozent bei Abgang von der Uni ihre Lebensziele schriftlich festgehalten. Dreißig Jahre später hatten diese drei Prozent mehr Geld gemacht als die anderen 97 Prozent zusammengenommen.

Wenn Sie sich Ihr Ziel überlegen, schlendern Sie nicht richtungslos herum und geben sich nicht mit Umwegen ab, die

Sie ablenken. Ohne klares Zielbewußtsein können unzählige Abwege Sie verführen. Der große Vorteil, Ihr Ziel zu kennen, liegt darin, daß es Entscheidungen vereinfacht. Sie wissen auf einen Blick, ob ein bestimmter Ansatz Ihrem Vorhaben dient oder nicht. Viele versäumen klare Entscheidungen in einem fehlgeleiteten Versuch, sich mehrere Möglichkeiten offenzuhalten, und dann haben sie das Nachsehen.

Der Zweck des Ziels

Es gibt die »großen Lebensziele« und kleine tägliche Ziele. Beide sind gleich wichtig. Sie erfüllen den Zweck, Ihre Handlung auszurichten und zu bestimmen.

Das große Lebensziel beantwortet Fragen wie: Wozu bin ich eigentlich da? Was mache ich am liebsten? Was möchte ich am Ende meines Lebens erlebt und vollbracht haben, wenn es ein voller Erfolg gewesen sein soll?

Kleine Tagesziele beantworten Fragen wie: Was wollen wir mit diesem Projekt erreichen? Mit welchem Geist wollen wir dieses Unterfangen erfüllen? Was will ich empfinden und erreicht haben, wenn diese Sitzung vorbei ist? In welchem Gefühlszustand will ich mich um meine Aufgaben kümmern?

Ein mitreißender Anführer weiß die kleinen (oft mühseligen) Schritte dahin mit der übergreifenden Vision zu verbinden. Wenn Sie jemanden bei einer belanglosen, aber unerläßlichen Arbeit sehen, machen Sie beim Schreibtisch des Betreffenden halt, und sagen Sie: »Ich freue mich über die Sorge, mit der Sie diese Aufgabe erfüllen. Offensichtlich erinnern Sie sich an das Ziel, um dessentwillen wir das alle tun.«

Ihre großen Lebens- und täglichen Ziele sollten miteinander

in Einklang stehen, damit Sie glücklich sind. Wenn die beiden einander widersprechen, haben Sie Klippen und Stöße auf dem Weg zu erwarten.

Zum Einsatz begeistern: Durch das eigene Beispiel mitreißen

Integrität ist das A und O der Verpflichtung

Nichts läßt bei einer Verpflichtung die Luft so schnell ab wie nicht eingehaltene Abmachungen. Ein gebrochenes Versprechen kann in einem einzigen Augenblick das Vertrauen untergraben, und es dauert womöglich Jahre, bis es wiederhergestellt ist. Wenn Sie Ihr Leben wirklich schnell verkomplizieren wollen, brauchen Sie nur Ihre Verabredungen nicht einzuhalten. Hinter den meisten Unternehmenskatastrophen steckt eine kleine Anzahl nicht eingehaltener Abmachungen. Manchmal auch nur eine. Wenn Sie nicht gemäß einer Übereinkunft handeln und zu spät zu einer Sitzung kommen, werden andere es als Rechtfertigung benutzen, Büromaterial zu stehlen. Jemand wird sehen, daß Büroklammern entwendet werden, und auf die Idee kommen, den Pensionsfonds zu veruntreuen …

> *Machen Sie sich für einen höheren Maßstab verantwortlich, als alle anderen von Ihnen erwarten.*
>
> HENRY WARD BEECHER

Fristen und Termine sind eine Art von Abmachungen, die sehr sorgfältig wahrzunehmen sich lohnt. Ihre Einhaltung ist für das Unternehmen lebenswichtig. Die Lösung des ganzheitlichen Managers im Umgang mit Fristen heißt: Legen Sie sich nie auf einen Termin fest, den Sie nicht einhalten wollen. Andere werden nachlässig, wenn Fristen gestreckt oder unter den Teppich gewischt werden. Lassen Sie nicht zu, daß Ihre Mitarbeiter sich auch nur eine Sekunde lang überlegen, ob ein Termin ernst gemeint ist oder nicht. Wenn Sie es nicht wirklich meinen, tun Sie es nicht.

Der ganzheitliche Manager in der Praxis: Beherzte Lösungen für alltägliche Geschäftsprobleme

Die Regeln sind einfach: Treffen Sie keine Abmachungen, die Sie eigentlich nicht treffen wollen. Halten Sie alle Vereinbarungen ein, die Sie treffen. Sagen Sie die simple, einfache Wahrheit, wenn Sie feststellen, daß Sie eine Abmachung nicht einhalten können. Und stehen Sie unverzüglich dazu, wenn Sie eine Verabredung nicht eingehalten haben.

Tun, was zu tun ist

Wie viele Menschen kennen Sie, bei denen Sie darauf zählen können, daß sie ausführen, was sie zu tun versprechen? Und wenn diese dasselbe überlegten, würden sie Sie dazurechnen? Profis sind Menschen, die Tag für Tag ankommen und gute Arbeit leisten, auch wenn ihnen nicht danach zumute ist.

Wie wissen Sie, was am dringendsten getan werden muß? Schauen Sie. Fragen Sie. Auf Kampfschauplätzen wenden Ärzte die wissenschaftliche Kunst des Aussortierens an – sie teilen die Verwundeten in drei Kategorien auf. In die erste kommen diejenigen, die mit oder ohne ärztliche Behandlung lebensfähig sind. In die zweite diejenigen, die mit oder ohne Behandlung dem Tod geweiht sind. Und in die dritte Kategorie kommen diejenigen, die ohne Behandlung sterben würden. Die letzte Kategorie hat beim Arzt Priorität. Wir haben festgestellt, daß es vielen Unternehmern genützt hat, für das Alltagsgeschäft ein System des Aussortierens zu entwickeln. Es gibt immer Dinge von erster Wichtigkeit, die Sie und das Unternehmen etwas kosten, wenn Sie sich nicht darum kümmern. Zu viele Unternehmer vergeuden Zeit und Energie mit unwesentlichen Dingen.

Ganzheitliche Manager wenden hierbei oft einen Trick an: Sie tun das zuerst, was ihnen am schwersten fällt. Dann ist der Rest des Tages wie Ferien. Mit wem liegt Ihnen ein Gespräch am meisten auf dem Magen? Welche Entscheidung, die unbedingt getroffen werden muß, haben Sie noch nicht getroffen und sind sich dessen unangenehm bewußt? Wessen telefonische Mitteilung starrt Ihnen ständig ins Gesicht? Alles fängt mit der Verpflichtung an. Am Anfang war das Wort. Es gibt einen ganz kleinen Klub, der wahrhaftig und verdientermaßen Elite ist: Er setzt sich aus den Leuten zusammen, die ihr Ziel kennen und auf die man zählen kann, daß sie tun, was sie versprachen.

Zum Einsatz begeistern: Durch das eigene Beispiel mitreißen

Weswegen Verpflichtungen nicht eingehalten werden

In dem Augenblick, in dem Sie sich verpflichten, entsteht unverzüglich ein Sog in Richtung auf Ihr Ziel hin. Durch diese Beschleunigung kommt das ans Licht, weswegen Sie sich dagegen sperren, ganz effizient zu sein. Wenn Sie große Verpflichtungen eingehen, stehen Sie oft vor großen Hindernissen. Überdenken Sie Ihre Verpflichtungen, wenn Sie je den Gedanken haben: »Ich habe keine solchen Schwierigkeiten erwartet!« Häufig stellen Sie dann fest, daß große Hindernisse Verpflichtungen zu etwas Großem auf dem Fuße folgen.

Sitz, geh oder lauf.
Aber schwanke nicht.

Zen-Spruch

Es gibt drei Arten von Hindernissen, die sich den meisten unter uns wahrscheinlich in den Weg stellen. Das erste sind falsche Informationen. Wenn wir über uns, andere oder die Welt schlecht informiert sind, deckt die Verpflichtung zu Großem gewöhnlich auf, worin wir uns getäuscht haben. Unlängst wurde eine gescheite junge Größe President eines Unternehmens. Er war redegewandt, setzte sich sehr ein und war ein charismatischer Führer. Es dauerte nicht lange, bis sich der Klatsch in allen Etagen verbreitete, der President habe eine Affäre mit einer anderen charismatischen jungen

Der ganzheitliche Manager in der Praxis: Beherzte Lösungen für alltägliche Geschäftsprobleme

Größe, die Vice-President des Unternehmens war. In der dortigen Unternehmenskultur waren solche Beziehungen tabu. Der neue President entschied sich für eine Hinhaltetaktik und leugnete, daß es um mehr als eine Freundschaft gehe. Damit wurde er Opfer einer tödlichen Fehlinformation, nämlich daß niemand es merke, wenn man eine Lüge unter den Teppich kehre. Je mehr er leugnete, desto größer wurde das Geschrei. Schließlich wurde ihm gekündigt, und er bekannte rasch Farbe, indem er die Frau heiratete.

Wenn man diese Situation näher betrachtet, könnte man sagen, daß sein Aufstieg zum President eine größere Verpflichtungsbereitschaft seinerseits bewies. Auf dieser höheren Stufe – sicherlich Traumziel seines Lebens – wurde ihm alles abverlangt. Diese größere Verpflichtung deckte einen Fehler auf, den er auf niedrigeren Einsatzstufen hätte verbergen oder womit er dort hätte umgehen können.

Schauen wir uns jetzt das zweite Hindernis an.

Vom Umgang mit Angst, Zweifeln und Verwirrung

In dem Augenblick, in dem man sich etwas Großem verpflichtet, tauchen oft als weitere Hindernisse unangenehme Gefühle auf. Nehmen wir beispielsweise das ewige Problem des Abnehmens. Die meisten Abmagerungskuren scheitern aus einem ganz einfachen und triftigen Grund. Manchmal nach Minuten, sicherlich aber nach Stunden stellen sich unangenehme Gefühle wie Angst und Hunger ein. Es sind genau dieselben Gefühle, die durch die schlechten Eßgewohnheiten überdeckt wurden. Man kann also eine Abmagerungskur nur dann zu Ende führen, wenn man sich mit diesen Gefühlen abgibt, indem man sie beispielsweise voll und ganz empfindet, durch sie hindurchatmet oder joggen geht. Wenn man diese Gefühle nicht haben will, ißt man wieder die verbotenen Speisen. Mangelnde Bereitschaft, durch das Tor der unangenehmen Gefühle zu gehen, verursacht auch Selbstsabotagen bei Verpflichtungen.

Zum Einsatz begeistern: Durch das eigene Beispiel mitreißen

Wenn Sie in Ihrem Leben etwas Großes und Lohnenswertes tun, werden unweigerlich auch unangenehme Gefühle in Ihnen hochgebracht. Je größer die Verpflichtung, desto größer das »Gefühlspaket«, von dem Sie überschwemmt werden. Große Verpflichtungen bedeuten große Gewinne und große Verluste. Sowohl Gewinne als auch Verluste bringen Ihren »Gefühlstopf« zum Brodeln. Der ganzheitliche Manager weiß, daß nach einer großen Verpflichtung oft große Ängste, Zweifel und Verwirrung aufkommen. Stellen Sie sich die Empfindungen vor, die Kolumbus gehabt haben muß, als er auf seinem Schiff die europäische Küste aus den Augen verlor! Ganzheitliche Manager, die schon lange üben, kennen das zweite Hindernis und räumen sich und ihren Mitarbeitern genügend Möglichkeiten ein, ihre Gefühle offen zum Ausdruck zu bringen. Sie schaffen eine Sicherheitszone, in der alle Gefühle empfunden werden können, erinnern aber auch jeweils daran, daß Gefühle wie Windstöße vergehen. Empfinden Sie, was immer Sie empfinden, sagt der ganzheitliche Manager, und konzentrieren Sie sich auf das, was zu tun ist.

Sie haben keine Wahl, ob Sie Ihre Gefühle empfinden wollen oder nicht. Die einzige Wahl haben Sie in der Frage, wie Sie damit umgehen. Der ganzheitliche Manager weiß, daß sich Seelenfrieden einstellt, wenn er sich ganz auf etwas einläßt, sei es Angst, Kummer oder Freude. Gefühle können Sie nur erkennen, empfinden und dann weitergehen. Das Schlimmste wäre, sie zu verleugnen und zu verbergen.

Wenn Sie erst einmal einen Weg gewählt und sich ihm verpflichtet haben, betrachten Sie alle Zweifel, die in Ihnen aufsteigen, als Nebengeräusche. Angst spielt nur so lange eine nützliche Rolle, bis Sie Ihre Verpflichtung eingegangen sind: Sie ist die Energie, die Sie zur Entscheidung treibt. Wenn Sie sich verpflichtet haben, verschwindet die Angst zum größten Teil. Wenn noch welche da ist, betrachten Sie sie als Hinweis dafür, daß Sie nicht genügend schnell zur Tat übergegangen sind.

Fehlgeleitete Loyalität

Wenn Sie sich zu etwas Großem verpflichten, taucht ein drittes Hindernis auf – fehlgeleitete Loyalität –, und häufig ist dieses das schwierigste, das es zu überwinden gilt. In dem Augenblick, in dem Sie verkünden: »Ich setze mir ein Jahreseinkommen von einer halben Million zum Ziel« oder: »Ich möchte eine liebevolle Ehe führen«, decken Sie unweigerlich die versteckten Bande auf, die Sie an die Vergangenheit fesseln.

Der ganzheitliche Manager kennt die Macht unsichtbarer Loyalitäten. So schöpfen beispielsweise viele ihr Potential nur wegen einer unbewußten Loyalität einem gescheiterten oder verletzten Elternteil gegenüber nicht voll aus. Deswegen achten ganzheitliche Manager sorgfältig darauf, die Schwierigkeiten in ihrem eigenen Lebenslauf und Privatleben nicht mit dem zu verwechseln, was gerade ansteht. Alle haben ihre eigenen Lebensgeschichten und Schwierigkeiten: Manche warten nur darauf, im Stich gelassen zu werden, andere sind mißverstandene Genies und noch andere unerkannte Helden, die Angst haben, ins Wasser zu springen. Gleichgültig, ob Ihre Lebensgeschichte wie eine Komödie oder Tragödie aussieht, sie muß unbedingt von Prioritäten unterschieden werden. Es gibt zwei säuberlich getrennte Kategorien: Ihre eigene Lebensgeschichte und das, was in jeder einzelnen Situation ansteht. Viele vereiteln ihre eigenen

Pläne, weil sie ihre persönlichen Lebensgeschichten mit dem vermischen, was ansteht.

Zum Einsatz begeistern: Durch das eigene Beispiel mitreißen

Erinnern Sie sich an den jungen President mit der Affäre? Er hatte seine eigene Lebensgeschichte mit dem vermischt, was er zu tun hatte. Seine Erfahrungen mit einem autoritären Vater liefen in etwa auf das hinaus: »Wieviel kann ich mir erlauben, um noch davonzukommen?« Er hätte – da er das Unternehmen führte – folgendes tun sollen: den Angestellten und dem Vorstand reinen Wein über seine Affäre einschenken und eine bewußte Wahl zwischen seiner Liebesgeschichte und seiner Stellung treffen.

> *Jemand sollte uns gleich am Anfang des Lebens sagen, daß wir sterben. Dann könnten wir das Leben jede Minute eines jeden Tages bis zur Neige auskosten. Ich sage dir: Tu es! Was immer du tun willst, tu es jetzt.*
>
> MICHAEL LANDON

Ganzheitliche Manager wissen, daß die eigene Lebensgeschichte für jeden heilig ist, egal, ob es sich um Verrat oder Heldentum handelt. Der ganzheitliche Manager hat anderen nur die Gabe der Einsicht voraus, inwiefern seine Lebensgeschichte seine Sicht dessen trübt, was zu tun ist, und dann tut er, was sowieso getan werden muß. Der ganzheitliche Manager lernt die jeweiligen Lebensgeschichten anzuerkennen, bringt aber die Leute dazu, trotzdem das Nötige zu tun.

Wenn wir nicht mehr wissen, was wir zu tun haben, dann liegt es häufig daran, daß wir in den Bann eines alten Selbstbildes geraten sind. Dasselbe gilt auch für jedes Unternehmen. Häufig bleiben sie in einer begrenzten Sicht ihrer selbst stecken. Oft liegt es an Loyalitäten alten Visionen und früheren Führungskräften gegenüber. Ganzheitliche Manager packen dieses Problem bei den Hörnern. Sie fragen: »Wem gegenüber halten wir die Treue, wenn wir nicht tun, was nötig ist?«

Einsatz erkennen und belohnen

Es ist eine große Kunst, pflichtbewußte Leute heranzuziehen, und dazu gehört, daß ihr Einsatz irgendwie anerkannt wird. Geld ist das offensichtlichste Mittel dafür, aber die meisten Menschen arbeiten nicht für Geld allein. Kreative Chefs finden den Dreh, sich in andere einzufühlen und sich zu fragen: »Was würde ich empfinden und was würde ich gern bekommen, wenn ich dieser oder jener wäre?«

Bill Wiggenhorn, President der Motorola University – eine der innovativsten Organisationen, die wir je gesehen haben –, ist auf etwas sehr Originelles gekommen, um eine einstmals ihm unterstellte Mitarbeiterin zu belohnen. Er wußte aus Gesprächen mit ihr, daß Geld in ihrem Leben eine sehr geringe Rolle spielte. Sie lebte ganz einfach und verschenkte einen Großteil ihres Geldes für Wohltätigkeitszwecke. Er wollte sie so belohnen, daß sie mitbekam, wie sehr er sie schätzte, und außerdem sollte es ihr etwas bringen. Er wußte, daß er dieses Ziel mit Geld nicht erreichen konnte. Also schlüpfte er in ihre Haut und fragte sich, was er gerne hätte, wenn ihre geistigen Werte die seinen wären. Mehr Bildung und Schulung, dachte er. Anstatt ihren Lohn zu erhöhen, stellte er also Gelder für ihre berufliche Weiterentwicklung bereit und bot ihr eine flexible Arbeitszeit an, damit sie diese auch nutzen konnte. Damit konnte sie nun ihre Doktorarbeit, die sie lange Jahre hatte liegenlassen müssen, fertigstellen und promovieren.

KAPITEL 5

Zwischenmenschliche Kommunikation

Die Fühler nach innen und außen ausstrecken

Ganzheitliche Manager kennen den folgenden Grundsatz: Echte Kommunikation ist nur möglich, wenn Sie ganz anwesend sind, wenn Sie *da* sind, wo auch immer das sein mag.

Ganzheitliche Manager merken, wenn ihre Gedanken abschweifen, und holen sie in die Gegenwart zurück, dorthin, wo sie gerade sind.

> *Lege dein Herz, deinen Geist und deine Seele in die geringste Handlung. Das ist das Geheimnis des Erfolgs.*
>
> SWAMI SIVANANDA

Im besten Fall ist Arbeit ein Spiel. Wenn Sie ganz dabei sind, alle Ihre Fähigkeiten einsetzen und Ihre Kreativität im Fluß ist, gibt es so etwas wie Arbeit gar nicht. Dann tun Sie einfach, was immer Sie tun. Wenn Sie zuschauen, wie Kinder spielen – ganz dabei, eifrig und engagiert –, dann wissen Sie, welche Haltung ganzheitliche Manager bei der Arbeit pflegen.

Jim Jarman wurde President eines kapitalschwachen neugegründeten Biotechnik-Unternehmens an der Westküste: »In der ersten Woche bekam ich eine schwindelerregende Anzahl von Problemen serviert, über die mich niemand unterrichtet hatte. Manche waren finanzieller, andere technischer und viele menschlicher Art. Ich weiß noch, wie ich am Freitagabend nach meiner ersten Arbeitswoche im Wohn-

Der ganzheitliche Manager in der Praxis: Beherzte Lösungen für alltägliche Geschäftsprobleme

zimmer mit meiner Tochter spielte. Sie sagte plötzlich: ›Wo bist du, Vati?‹, und mir wurde klar, daß ich geistesabwesend war. Ich war überhaupt nicht da. Tatsächlich ging ich gerade meine Finanzierungsmöglichkeiten durch, um dem Unternehmen eine Liquiditätsspritze zu geben. Ich bekam ein rabenschwarzes Gewissen, weil ich zugelassen hatte, daß sich meine Arbeit in die Beziehung zu meiner Tochter eingemischt hatte. Also setzte ich mich zu Andrea, die damals im Kindergarten war, auf den Boden und sagte: ›Zeig mir, wie man spielt, mein Schatz. Zeig mir, wie du spielst.‹ Sie zuckte nicht mit der Wimper, lächelte mich an und sagte: ›Mach' ich‹, und im Lauf der nächsten Stunde lernte ich wieder spielen. Ich tat einfach dasselbe wie sie, und als sie vom einen zum nächsten ging, tat ich genau dasselbe. Ich bemerkte, wie sie dem, womit sie gerade beschäftigt war, ihre volle Aufmerksamkeit schenkte. Wenn sie mit den Puppen spielte, war sie mit Haut und Haar dabei. Aber wenn wir uns den Lastwagen zuwandten, konzentrierte sie sich voll auf diese. Ich merkte, daß ich bei der Arbeit den Fehler gemacht hatte, das nächste an die Hand zu nehmen, während ich geistig zu einem Teil noch beim alten war. Oder daß ich einen anderen Teil an die Zukunft vergeben hatte. Andrea tat das überhaupt nicht. Das Geheimnis ihres Spiels war, daß sie da war, wo sie war. Als ich später aufstand und zu meiner Frau hinaufging, fragte sie mich, was ich da unten getan habe, das Andrea so beschäftigt hatte. ›Sie hat mir beigebracht, wie ich meine neue Arbeit anpacken soll‹, sagte ich.

Was geben Sie vor nicht zu wissen?

Graffito in einer Toilette der Harvard Business School

Als ich am nächsten Montag wieder an die Arbeit ging, hängte ich einen Spruch an meine Wand: ›Denk an Andreas Geheimnis.‹ Wahrscheinlich haben mich etwa fünfzehn Leute in jener Woche gefragt, was Andreas Geheimnis sei. Und ich habe es immer wieder wiederholt, bis ich es wußte.«

Echt sein

Zwischenmenschliche Kommunikation: Die Fühler nach innen und außen ausstrecken

Eine gute Kommunikation beginnt bei uns selbst, im eigenen Inneren. Sind Ihre Mitteilungan an andere klar und direkt? In der Schule lernen wir nicht, auf unsere Gefühle zu achten und sie alle wahrzunehmen. Es bleibt dem Leben überlassen, uns – manchmal schmerzhaft – beizubringen, die Signale aus unserem Inneren zu spüren.

Zu den wichtigsten Grundsätzen im Leben gehört: Belügen Sie sich nicht selbst! Andere anlügen bringt Ihnen Schwierigkeiten ein, aber sich selbst belügen macht Sie krank, und zwar rasch.

Das Problem tritt dann zutage, wenn wir versuchen, uns anderen mitzuteilen, und sie deutlich spüren, daß wir keinerlei Kontakt zu uns selbst haben. Um es kraß auszudrücken: Das Leben wird qualvoll kompliziert, wenn Sie sich selbst oder andere belügen. Weise Führungskräfte sagen sich und den Menschen in ihrer Umgebung die Wahrheit. Buddha sagte es eindeutig: Unglücklichsein kommt davon, daß man einer Gegebenheit aus dem Wege geht, die man offen angehen sollte.

> *Das Geheimnis des Erfolgs liegt darin, sich nicht um die Ergebnisse zu kümmern, im Augenblick sein Bestes zu geben und die Ergebnisse sich selbst zu überlassen.*
>
> J. DONALD WALTERS

> *Der erste Schritt auf dem Weg zur Führungskraft heißt aufzuhören, anderen und vor allem sich selbst etwas vorzumachen.*
>
> Anonymer ganzheitlicher Manager

Manchmal liegt diese Gegebenheit in uns, manchmal ist sie etwas Äußeres. Manchmal liegt sie in der Vergangenheit, manchmal in der Gegenwart. Kate hat mit zwei Vice-Presidents gearbeitet, die in einen Machtkampf verwickelt waren.

»Der Finanzleiter eines High-Tech-Unternehmens im kalifornischen Silicon Valley war ein Schwarzer namens Dan. Eine weiße Frau, Gracie, war Vice-President im Verkauf.

Die beiden hatten solche Kommunikationsschwierigkeiten, daß sie nicht einmal gemeinsam ohne eine Drittperson ein Gespräch führen wollten. Als ich mir die Situation angesehen hatte, glaubte ich zuerst, sie sei unlösbar. Ich schlug vor, daß jeder die eigene Lebensgeschichte daraufhin untersuchen sollte, was wohl mit diesen Schwierigkeiten zusammenhängen könnte. Das Ausmaß an Mißtrauen schien mir weit über dem Normalen zu liegen. Als wir getrennt auf ihre Probleme eingingen, stieg in Gracie plötzlich die Erinnerung an ein traumatisches Erlebnis mit einem Verwandten ihres schwarzen Kindermädchens auf. Als wir damit klargekommen waren, erkannte sie, daß Dan Dan und nicht irgendeine Schattenfigur aus der Vergangenheit war. Er seinerseits deckte ein altes Muster auf, dem zufolge weiße Frauen für ihn unerreichbar waren, und Gracie, die zufällig eine wettbewerbsgekrönte Schönheit war, ging ihm besonders gegen den Strich. Schließlich nahm er sie als Gracie wahr und nicht als irgendeinen Archetyp einer unerreichbaren Frau. Heute sind sie gute Freunde und aus ihren gegenseitigen Projektionen herausgewachsen.«

> *Ich habe herausgefunden, daß Unaufrichtigkeit das Anstrengendste im Leben ist.*
> ANNE MORROW LINDBERGH

Klartext reden

Wenn Sie sich darum kümmern, die Wahrheit zu sagen, brauchen Sie sich nie mehr darum zu sorgen, ob man Ihnen zuhört. Wenn Leute nicht zuhören, liegt es gewöhnlich daran, daß der Sprecher etwas anderes als die Wahrheit mitteilt. Sagen Sie nur Wahres, und fassen Sie sich kurz. Ganzheitliche Manager sind bekannt dafür, daß sie seichte Konversation vermeiden.

Wenn Sie etwas wollen, auf das Sie sich jederzeit konzentrieren können, etwas, was Ihnen Glück und Erfolg garantiert, dann konzentrieren Sie sich darauf, mit jedem Wort die Wahrheit zu sagen.

Zwischenmenschliche Kommunikation: Die Fühler nach innen und außen ausstrecken

Zuerst kommen die Fakten. Wenn Sie lernen wollen, die Wahrheit zu sagen, müssen Sie zuerst die Tatsachen auf die Reihe bekommen. Statt zu sagen: »Vor einigen Tagen habe ich mit Joe gesprochen«, sagen Sie einfach: »Dienstag morgen habe ich mit Joe gesprochen.« Statt »Ich habe bemerkt, daß Sie sich nicht mehr so einsetzen, Harvey«, sagen Sie ihm lieber etwas Konkretes. Sagen Sie: »Harvey, Sie haben zu spät über Projekt A Bericht erstattet und sind nicht zu unserer Mittwochssitzung zu Projekt B gekommen.« Viele schmücken ihre Tatsachen gern etwas aus, und das kostet sie ihre Glaubwürdigkeit. Konzentrieren Sie sich also zuerst darauf, die Wahrheit über einige Tatsachen zu sagen.

> *Wenn man mir nicht zuhörte, lag es gewöhnlich daran, daß ich nicht die Wahrheit sagte.*
>
> Anonymer ganzheitlicher Manager

Achten Sie sodann darauf, die Wahrheit über Ihre Gefühle zu sagen. Wenn Sie wütend sind, versuchen Sie es nicht zu verbergen. Die Leute bekommen es sowieso mit. Sagen Sie: »Ich bin wütend.« Wenn Sie traurig oder enttäuscht sind, sagen Sie es offen. Dasselbe gilt für die Angst. Viele glauben, Gefühle seien ein Zeichen von Schwäche, aber eigentlich sind sie ein Zeichen für Menschlichkeit. Nichts verleiht einer Führungspersönlichkeit soviel Macht, wie Gefühle zuzugeben. Wenn Sie Ihre Gefühle verbergen, stehen Sie schlecht da, und Ihr Timing gerät durcheinander. Das heißt aber nicht, daß Sie darin herumwaten oder ein Drama daraus machen sollten. Ganzheitliche Manager nehmen ihre Gefühle zur Kenntnis und äußern sie so, wie sie die Tageszeit zur Kenntnis nehmen und mitteilen würden. Und dann machen sie weiter.

> *Ein Mann, der nicht weint, schüchtert mich etwas ein.*
>
> H. NORMAN SCHWARZKOPF

Der ganzheitliche Manager in der Praxis: Beherzte Lösungen für alltägliche Geschäftsprobleme

Nicht »Klagemauer« spielen

Als wir ganzheitliche Manager fragten, was sie als Wichtigstes im Bereich der Kommunikation gelernt hatten, antworteten viele: nicht »Klagemauer« spielen. Damit meinten sie folgendes: Bob kommt zu Ihnen und beklagt sich über Martha. Sie fragen sofort: »Haben Sie mit Martha darüber gesprochen?« Bob sagt nein. »Gehen Sie das jetzt mit ihr besprechen und kommen Sie später wieder.« Viele Probleme lassen sich dadurch lösen, daß man nicht Klagemauer spielt. Wenn Sie es möchten und Zeit dafür haben, können Sie auch sagen: »Ich rufe sie gleich jetzt an, und wir können es miteinander besprechen.« So oder so haben Sie sich damit viel Zeit und zukünftige Schwierigkeiten erspart. Sie bleiben dann davon verschont, eines der ältesten menschlichen Familienprobleme fortzusetzen. Viele sind in Familien aufgewachsen, in denen man nicht direkt miteinander sprach. Mutter ärgerte sich über Vater, ließ es aber am Bruder oder der Schwester aus. Vater war wütend über Billy, der es erst erfuhr, als Mutter es ihm sagte. Eine solche Kommunikation mit vielen Umschweifen kostet viel Energie in einem Menschenleben, und es gibt nur eine wirksame Art, damit aufzuhören. Wenn Sie an der Reihe sind, mitzuspielen, tun Sie es nicht.

Genau zuhören

Zuhören birgt mehr Macht als Reden. Zuhören ist tatsächlich wahrscheinlich die wichtigste Fähigkeit des Erfolgreichen. Sobald Menschen das Gefühl haben, daß man ihnen zuhört, fangen sie an aufzublühen. Vielleicht sind sie lange Zeit in einer Stellung steckengeblieben, aber ein wenig Zuhören ölt die Türangeln. Als Berater haben wir Tausenden

Zwischenmenschliche Kommunikation: Die Fühler nach innen und außen ausstrecken

von Leuten die Fähigkeit des Zuhörens beigebracht und gesehen, wie diese Gabe geradezu Wunder gewirkt hat. Fragen Sie sich jetzt einen Augenblick: Wie höre ich zu?

Es gibt drei Ebenen, wenn Sie die Gabe des Zuhörens entwickeln. Der erste einfache Schritt ist der, anderen genau das wiederzusagen, was sie gesagt haben. Ein solches Zuhören könnte man »genau zuhören« nennen.

A schlägt mit der Faust auf den Tisch: »Ich will die New Yorker Brooklyn Bridge und die Tappan-Zee-Brücke, oder der Handel ist geplatzt.«

Der ganzheitliche Manager B erwidert: »Sie meinen also, daß Sie die Brooklyn Bridge und die Tappan-Zee-Brücke wollen, sonst platzt der Handel.«

Vielleicht finden Sie, eine solche Reaktion klinge einfältig. Weit gefehlt. Versuchen Sie es, und Sie werden feststellen, was für ein radikaler Zug das ist. Besonders wenn jemandem etwas sehr am Herzen liegt, ist er so sehr mit seinem eigenen Standpunkt beschäftigt, daß er Widerstand erwartet. Er ist völlig entwaffnet, wenn Sie nicht mitspielen. Wenn Sie einem anderen Menschen ohne Hintergedanken und ohne den Wunsch, er solle es so sehen wie Sie, zuhören, wenn Sie einfach nur zuhören, ist das ein zündender Moment. Ganzheitliche Manager leben von solchen Momenten.

> *Ich habe immer geglaubt, ich würde zuhören, aber jetzt wird mir klar, daß ich bloß gesehen habe, wie andere den Mund bewegten, und nur darauf wartete, daß sie aufhörten, damit ich etwas sagen konnte!*
>
> Teilnehmer an einem Seminar über das Zuhören

Ein Unternehmensleiter erzählte: »Ich habe die Macht des reinen Zuhörens erst vor wenigen Jahren kennengelernt. Da war ein Typ, mit dem ich nicht besonders gut konnte, zum Teil deswegen, weil ich ihn als Jammerlappen abgestempelt hatte. Er nervte mich, weil er ständig dieselben ärgerlichen Gefühle wiederzukäuen schien, insbesondere seine Wettbewerbskisten mit

Der ganzheitliche Manager in der Praxis: Beherzte Lösungen für alltägliche Geschäftsprobleme

anderen Leuten auf derselben Stufe. Eines Tages tranken wir in der Cafeteria Kaffee, als er wieder damit begann. Ich merkte, wie sich alles in mir zusammenzog und mein Blutdruck langsam stieg. Ich hatte aber gerade ein Buch über Zuhören gelesen und ein Tonband dazu gehört, also beschloß ich, an ihm zu üben. Anstatt ihm zuzustimmen oder ihn von seinem Standpunkt abzubringen, gab ich ihm einfach das zurück, was er gesagt hatte: ›Du ärgerst dich, weil Hilda eine größere Lohnerhöhung bekommen hat, und du möchtest liebend gern in der Firma weiterkommen.‹ Ich gab mir alle Mühe, es so zu sagen, daß keinerlei Urteil dabei mitschwang. Als ich das gesagt hatte, schwieg er erst einmal. Schließlich sagte er: ›Ja‹, und das war's. Dann begann er über etwas viel Erfreulicheres zu reden. Ich weiß bis heute nicht, ob er allgemein mit dem Jammern aufgehört hat oder nur mir gegenüber, aber ich weiß auf jeden Fall, daß ich ihn nie mehr so etwas habe sagen hören.«

Und auf der witzigen Seite begab sich folgendes: Ein Freund der Autoren ging mit seiner Frau zu einer Party, auf der er beinahe niemanden kannte. Er beschloß, ein Experiment zu machen. Anstatt zu reden oder zu versuchen, jemanden auf der Party zu beeindrucken, schwor er sich, den ganzen Abend über nichts anderes zu tun, als sorgfältig zuzuhören und zu wiederholen, was ihm gesagt wurde. Auf dem Heimweg sagte ihm seine Frau voller Stolz, mehrere Leute hätten geäußert, was für ein beeindruckender und redegewandter Mensch mit Ausstrahlung er doch sei.

Der erste Schritt beim Zuhörenlernen besteht also darin, das eben Gehörte genauso zusammenfassen zu können, wie es gesagt wurde. Lehrer in Seminaren über das Zuhören können Ihnen sagen, daß man etwa zehn Minuten braucht, um diese Fähigkeit zu lernen, und etwa zehn Jahre, um sie zu meistern.

Einfühlsam zuhören

Zwischenmenschliche Kommunikation: Die Fühler nach innen und außen ausstrecken

Der zweite Schritt beim Zuhörenlernen besteht darin, sich auf das einzustimmen, was der andere sagt, insbesondere was die Gefühle angeht. Wir nennen das »einfühlsam zuhören«. Das bewerkstelligen Sie, indem Sie die Gefühle anderer in Ihrem eigenen Körper nachzuempfinden versuchen. Der andere sagt: »Ich möchte, daß das Unternehmen im Jahr 2000 Branchenführer für die besten Mikrochips ist.« Der einfühlsame Zuhörer versucht nachzuempfinden, wie sich dieser Wunsch anfühlt. Sie versetzen sich in ihn hinein. Das heißt nicht, daß Sie damit einverstanden sein müssen. Ganz im Gegenteil. Vielleicht möchten Sie etwas ganz anderes erreichen. Aber Verstehen – echtes Mitschwingen – kommt zuerst und lange vor der Lösung. Denken Sie stets daran: *Mitschwingen kommt vor der Lösung.* Diese Fähigkeit wird in »dicker Luft« auf die Feuerprobe gestellt. Wenn jemand sagt, er sei wütend, versucht der Zuhörer nachzuempfinden, wie sich die Wut für den Betreffenden anfühlt. Man muß gesehen haben, welche Wirkung das hat, um es zu glauben.
Heath Herber, President des Herber-Unternehmens, berichtete: »Ich würde sagen, daß die Gefühle anderer wahrzunehmen wohl das Wichtigste ist, was ich in zwanzig Jahren Berufsleben gelernt habe. Ich mache das so, daß ich mich auf das einstelle, was hinter den Worten des Gesprächspartners liegt. Vielleicht ist es Zweifel. Oder Gereiztheit oder Nervosität. Dann spreche ich es einfach wie eine Tatsache an und sage etwa: ›Es klingt, als ob Sie Zweifel hätten, und ich kann auch verstehen, weshalb das sein könnte.‹ Ich versuche nie, ihn davon abzubringen. Wenn ich es benennen kann, fängt er selber an, sich davon abzubringen. Das habe ich begriffen, als ich einst einem Autohändler einen größeren Vertrag

verkaufen wollte. Die Dinge zogen sich nur schleppend hin, und ich konnte mir keinen Reim darauf machen, weshalb. Ich wußte, daß ihm die Zahlen einleuchteten, aber er druckste herum. Ich konnte sehen, daß ihn etwas beschäftigte, also sprach ich das aus: ›Charlie, Sie scheinen an etwas anderes zu denken.‹ Er blinzelte und schaltete. ›Ja, das tue ich wohl. Meine Tochter heiratet nächsten Samstag, und das macht mir sehr zu schaffen.‹ Es stellte sich heraus, daß unsere Töchter etwa gleichaltrig waren, aber keiner wußte bis dahin, daß der andere Kinder hatte. Fünf Minuten später hatte ich einen unterzeichneten Vertrag und einen neuen Freund gewonnen.«

Kreativ zuhören

Der dritte Schritt beim Zuhörenlernen ist dann fällig, wenn zwei Menschen Schritt eins und zwei lange genug geübt haben, um zusammenarbeiten zu wollen. Mit dem guten Willen, den sie auf den ersten beiden Etappen entwickelt haben, hören sie einander so zu, daß die Kreativität gegenseitig angeregt wird und sie sich in ungeahnte Höhen schwingen kann, wie es alleine nie möglich gewesen wäre. Diesem hellwachen Zuhören – Zuhören, um gegenseitig zur Kreativität anzuregen – sind viele bahnbrechende Einfälle in der Welt zu verdanken. Kreatives Zuhören geht von zwei Fragen aus: Was möchten Sie am liebsten? Und: Wie kann ich Ihnen helfen, das zu erreichen, was Sie am liebsten möchten? Ihren Mitmenschen mit Ihrer vollen Unterstützung zuzuhören – mit Körper, Geist und Seele für ihre Ziele und Bestrebungen einzustehen – ist wohl das größte Geschenk, das Sie ihnen machen können.

Susan Snowe, eine der erfolgreichsten Unternehmensberaterinnen, gab uns ein Beispiel für ein solches hellwaches

Zuhören. »Ich hatte einmal das Gefühl, in meiner Karriere blockiert zu sein. Da vereinbarte ich einen Termin mit einem anderen Berater, um weiterzukommen. Als er zugehört hatte, was mich bewegte, stellte er mir immer wieder die folgenden zwei Fragen: ›Was wollen Sie im Grunde?‹ Und: ›Wollen Sie das wirklich?‹ Er gab mir keine Hinweise und keinen Rat – nur diese beiden Fragen. Etwa in der dritten Runde wurde mir klar, daß ich mein eigenes Unternehmen gründen wollte. Ich hatte zwanzig Jahre lang für andere gearbeitet. Jetzt war es an der Zeit, für mich zu arbeiten. Heute noch spüre ich, wie sich etwas in meinem Körper veränderte, als mir klar wurde, was ich im Grunde wollte. Es war, als seien der ganze Streß und die ganze Spannung weggefallen und hätten sich in Energie verwandelt.«

Zwischenmenschliche Kommunikation: Die Fühler nach innen und außen ausstrecken

Ehrliches Feedback geben und entgegennehmen

Donna Kindl, eine der ganzheitlichen Unternehmerinnen, die wir für dieses Buch befragten, war einst Leiterin der Personalabteilung bei Clorox. Nach einer Sitzung nahm eine andere Frau in leitender Stellung sie beiseite: »Die Frau sagte mir mit harten und keineswegs hilfreichen Worten, ich sei arrogant und eine schreckliche Zuhörerin. Zuerst blieb mir die Spucke weg, aber als sie weiterredete, wäre ich am liebsten auf die Knie gesunken und hätte ihr gedankt. Niemand – nicht einmal mein eigener Chef – hatte mir je solche Rückmeldungen gegeben. Auch wenn sie übertrieben und zum Teil von ihrer eigenen Persönlichkeit geprägt waren, machte sie mir ein ganz seltenes Geschenk, als sie mir bis in die kleinsten Einzelheiten beschrieb, wie ich auf andere wirkte. Als sie fertig war, dankte ich ihr. Sie war so gerührt

> *Die Leute sagen, ich würde Kritik nicht gerade gut vertragen, aber ich meine: Was, zum Teufel, wissen sie denn schon?*
> Soll GROUCHO MARX gesagt haben

über meine Reaktion, daß sie mich unter ihre Fittiche nahm und für einige Jahre meine Mentorin wurde.«
Für die meisten ist ehrliches Feedback geben und entgegennehmen wohl das Schwierigste im Bereich der Kommunikation. Dabei ist es das Wertvollste auf der Welt. Viele ganzheitliche Manager, die wir befragten, können in etwa demselben Ton Rückmeldung geben und entgegennehmen, in dem sie sagen oder hören würden, wie spät es ist, sogar das brutalst offene Feedback. Ihr Interesse an genauen Informationen ist größer als ihr Interesse daran, recht zu haben.

Eine integre Unternehmenskultur schaffen

Die Autorin hat als Beraterin für zwei Gemeinschaftsprojekte von IBM und Motorola gearbeitet. Kate: »Einmal wurde ich zugezogen, weil in der oberen Führungsetage größere Unstimmigkeiten herrschten. Alle Mitglieder waren alteingesessene Führungskräfte von IBM oder Motorola, und alle waren von einem starken Wert- und Kulturbewußtsein ihres jeweiligen Unternehmens geprägt. Bei Motorola waren die Leute es gewohnt, in den Sitzungen offen über ihre Meinungsverschiedenheiten zu sprechen. Vorschläge wurden hinterfragt, andere manchmal in Verlegenheit gebracht, und der Ton war eher hitzig. Die Leute von Motorola mochten das aber, weil sie es offen und ehrlich fanden. Sie hatten das Gefühl, einander vertrauen zu können, weil sie wußten, woran sie waren. Den IBM-Leuten hingegen erschien dieser offene Kommunikationsstil bestenfalls respektlos und schlimmstenfalls barbarisch. Sie waren in einer Kultur groß geworden, in der Probleme jeweils vor den Sitzungen von Mann zu Mann geklärt wurden, so daß es dort keine Überraschungen oder verletzten Gefühle gab. Die Sitzungen wa-

Zwischenmenschliche Kommunikation: Die Fühler nach innen und außen ausstrecken

ren dazu da, eine ›gemachte Sache‹ vorzutragen, und nicht der Ort, an dem die Dinge auseinandergenommen wurden. Es wurde erwartet, daß gegenteilige Meinungen und Gefühle für sich behalten und später einzeln besprochen wurden. Die Leute von Motorola betrachteten diesen Stil als eindeutig politisches Manöver, das zu Vereinbarungen hinter geschlossenen Türen und umständlichen Entscheidungsfindungen führte. Sie hatten nicht das Gefühl, sich darauf verlassen zu können, daß die anderen in den Sitzungen die Wahrheit sagten, und somit wußten sie nie, woran sie waren. Die beiden Gruppen polarisierten sich: hier die glattzüngigen Politiker – dort die hitzigen Barbaren.«

Wenn man sich die Zuwachsraten beider Unternehmen in den neunziger Jahren anschaut, kommen die Barbaren dabei offenbar besser weg. Motorola hat ein sehr erfolgreiches Unternehmen aufgebaut, zum Teil gerade weil es bei ihnen so wichtig ist, die Wahrheit zu sagen. In ihrem Fall ist Integrität kein schön gerahmter Satz an der Wand eines Sitzungszimmers; sie ist eine gelebte, täglich umgesetzte Arbeitshaltung. Unter dem Strich zahlt es sich offensichtlich aus.

KAPITEL 6

Projektmanagement

Erfolgreich mitspielen

Geschäftserfolge hängen oft von der Kunst der rechtzeitigen *Kurskorrektur* ab. Niemand kann voraussagen, wann die Kommunikation wieder zusammenbricht oder die nächste interne Schlacht ausbricht. Statt einer Wahrsagerkugel nehmen ganzheitliche Manager eine Haltung ein, die Wunder wirkt: Sie erwarten das Unerwartete nicht nur, sie genießen es.

Wir haben oft Abgänger von Business Schools gefragt, was ihnen beim Studium gefehlt hatte, das sie später auf die harte Tour hatten lernen müssen. Häufig erwähnten sie, ihre Professoren hätten sie im Glauben gelassen, Geschäfte ließen sich glatt abwickeln, wenn sie sorgfältig geplant und die Schritte wohlüberlegt seien. Pannen sah man als möglichst zu vermeidende Symptome. Rückblickend meinten sie jedoch, daß sie lieber das Gegenteil gesagt bekommen hätten: Sogar bei einer guten Planung und einem wohlüberlegten Vorgehen sind Pannen normal und gehören einfach dazu. So ist es nun mal, und der Geschäftsmann, der das erkennt, hat einen viel leichteren Stand, um mit den Wechselfällen des Tages fertig zu werden.

Wir wollen mit dem schlechtest- und bestmöglichen Fall beginnen.

Vom Umgang mit großen Gewinnen und Verlusten

Ganzheitliche Manager lernen, direkt nach einem großen Erfolg oder Verlust besonders achtzugeben. In beiden Fällen sind wir über unsere normalen Grenzen hinausgegangen und völlig offen und verletzlich. Solche Zeiten sind die Brutstätte für Pfusch.

Gay erinnert sich an eine Erkenntnis im Zirkus, die er als Kind hatte: »Ein Zirkus hatte seine Zelte in der Nähe unserer Wohnung aufgeschlagen, und ich bekam einen Job für zehn Cent pro Tag, die Tiere füttern. Damals waren die Münzen noch aus Silber, und ich dachte, ich hätte das Geschäft meines Lebens gemacht. Dabei fiel mir auf, daß die Elefanten an einem winzigen Pflock festgebunden waren, den der Trainer in den Boden geschlagen hatte. Ich konnte ihn mit zwei Fingern herausziehen und fragte daher den Trainer, weshalb die Elefanten das nicht täten. Er sagte, der Trick sei, daß man bei noch jungen Elefanten einen größeren Pflock nehme. Der kleine Elefant kann den Pflock keinen Millimeter bewegen, und schließlich hört er auf, ihn herausziehen zu wollen. Das Tier wächst mit dem deutlichen Gefühl einer Begrenzung auf. Nach einer Weile weiß der Elefant einfach, daß er den Pflock nicht bewegen kann, und man könnte Tonnen von Elefanten an einen Pflock binden, den ein Kind herauszuziehen vermag. Wir Menschen haben meistens auch irgendwelche Begrenzungen in unserem Denken, die wir für bare Münze nehmen. Und wir merken nicht, daß sie einfach erfunden sind.«

> *Das Leben ist entweder kühnes Abenteuer – oder nichts.*
>
> HELEN KELLER

Wenn wir im Laufe unseres Lebens merken, daß wir uns an einem Pflock festgebunden hatten, haben wir einen Riesenschritt gemacht. Dann ist es Zeit, uns unsere Grenzen anzuschauen und uns zu fragen: Was würden wir tun, wenn dieser Pflock nicht wäre? Was würden wir schaffen? Daher rührt der kreative Schub, ein neues Projekt zu beginnen oder ein Unternehmen zu gründen.

Gleich nachdem der Pflock herausgezogen ist, stellt sich ein großes Problem. Plötzlich sind Sie frei, aber Sie sind jetzt auch im Bereich des Unbekannten. Genau das passiert oft nach einem großen Erfolg. Sie haben eine neue Machtstufe in Ihrer Welt erreicht und vielleicht noch keine innere Struktur, um mit dieser neuen Macht umzugehen. Rockstars sind bekannt dafür, daß sie in ihren Zwanzigern ausbrennen; Alexander der Große hatte seine großen Eroberungszüge bei seinem Tod Anfang Dreißig schon hinter sich.

Gleich nach einem großen Erfolg ist es an der Zeit, etwas kürzerzutreten, tief durchzuatmen und sich wieder zu zentrieren. Dasselbe gilt für Verlustzeiten. Gleich nach einem Verlust ist man verwundbar; die meisten neigen dann stark dazu, sich oder andere zu beschuldigen. Nach einem Verlust ist es außerordentlich wichtig, sich alle damit zusammenhängenden Gefühle einzugestehen – Wut, Trauer, Angst –, sich dann wieder auf sich zu besinnen und zu fragen: Was tut jetzt gerade am meisten not?

Dasselbe trifft auch auf Zeiten sehr großer Verluste zu. Dann bewegen Sie sich auf unbekanntem Boden und empfinden körperlichen Schmerz statt eines Hochgefühls. Die Versuchung ist in solchen Zeiten groß, in den Anschuldigungs- statt Lernmodus zu schalten. Sie denken: Es ist meine Schuld, es ist ihre Schuld, die Welt ist daran schuld. Solche Gedanken sind normal, natürlich und alltäglich. Der Mensch hat das jahrelang so gemacht. Beschimpfen Sie sich also nicht dafür, daß Sie ab und zu in diesen Modus zurückfallen. Aber schalten Sie so rasch wie möglich in den Lernmodus. Dann lautet die Frage: Was kann ich daraus lernen? Was muß neu überdacht werden? Welche Kurskorrektur ist nötig?

Die Verantwortung richtig verteilen

Projekt-management: Erfolgreich mitspielen

Die meisten erfolgreichen Leute übernehmen gewöhnlich über 100 Prozent der Verantwortung, und zwar sowohl bei der Arbeit als auch ganz allgemein im Leben. Das ist ein hervorstechender Zug, ohne den Sie möglicherweise nicht wären, wo Sie sind. Wir wollen damit also nicht sagen, daß Sie weniger verantwortlich sein sollten, aber Sie sollten darauf achten, daß Sie andere dazu anspornen, ebenfalls hundertprozentig verantwortlich zu sein. Wenn zwei an etwas arbeiten, gibt es 200 Prozent Verantwortung zu verteilen. Bei dreien sind es 300 Prozent. Die Verantwortung steigert sich jeweils um 100 Prozent. Je mehr Leute mitspielen, desto wichtiger ist es, daß jeder seine 100 Prozent übernimmt. In der Führungsetage von Unternehmen gehören die meisten zum Über-100-Prozent-Typ. Nach unten findet die man Weniger-als-100-Prozent-Typen. Für den ganzheitlichen Manager stellt sich jeweils das Problem, zu merken, wann er im Über-100-Prozent-Modus ist. Wie stellt man das fest? Den verläßlichsten Hinweis darauf liefern meistens Körperempfindungen.

Eine angehende ganzheitliche Managerin erzählte uns wenige Monate nach einer Schulung in ihrem Unternehmen folgendes: »Bis zu dem Tag in Ihrer Schulung, an dem Sie beschrieben, wie das mit der Verantwortung funktioniert, konnte ich mir nicht erklären, weshalb mein Kopf auf dem Nachhauseweg manchmal zum Zerbersten weh tat. Nach der Schulung begann ich der Frage nachzugehen, wann ich Verantwortung übernahm, die eigentlich jemand anderem zustand. Die Kopfschmerzen kamen vom aufgestauten Ärger darüber, daß ich zuviel Verantwortung übernahm. Ich war ärgerlich über andere, weil sie ihren Teil nicht taten, und ich war wütend über mich, weil ich nicht wußte, wie ich

Der ganzheitliche Manager in der Praxis: Beherzte Lösungen für alltägliche Geschäftsprobleme

sie dazu bringen konnte, ihren Teil zu übernehmen. Als ich mich an die Aufgabe machte, anderen den Freiraum zu lassen, in dem sie 100 Prozent Verantwortung übernehmen konnten, wachte ich eines Tages auf und merkte, daß ich über einen Monat lang keine Kopfschmerzen mehr gehabt hatte. Das grenzt für mich an ein Wunder.«

Und wie motivieren Sie andere, ihre 100 Prozent zu übernehmen? Delegieren, lautet gewöhnlich die Antwort, und fraglos ist das eine grundlegend wichtige Gabe hervorragender Führungskräfte, und zwar eine, die Sie so lange üben müssen, bis sie Ihnen in Fleisch und Blut übergegangen ist. Aber so wichtig Delegieren auch sein mag, darum geht es nicht eigentlich. Es geht vielmehr um Ihre eigene Grundeinstellung zum Leben: Glauben Sie, daß Menschen grundsätzlich gleich sind? Glauben Sie wirklich, daß der Mensch fähig ist, sich auf der 100-Prozent-Ebene zu bewegen?

Es heißt, Michelangelo habe einen unbehauenen Marmorblock angeschaut und David darin gesehen. Sehen wir uns und andere auch als Meisterwerke im Entstehungsstadium?

Echte Macht

Der erstklassige ganzheitliche Manager Jerry Jones aus Portland berichtete: »Einige der besten Geschäfte, die ich je gemacht habe, waren solche, die nicht zum Abschluß kamen. Am Anfang meiner Karriere setzte ich oft unheimlich viel Energie daran, um Dinge in Gang zu bringen, die ich wahrscheinlich von Anfang an besser hätte bleibenlassen. Als ich innerlich und geschäftlich reifer wurde, habe ich gelernt, auf den Energiefluß zu achten. Wenn etwas unheimlich viel Energie braucht – also beinahe schmerzt, es durchzusetzen –, dann sollte es möglicherweise besser ungetan bleiben. Man könnte es auch mit Segeln vergleichen. Wenn Sie die Winde aufmerksam beobachten, können Sie sich die Windrichtung zunutze machen. Manchmal macht es Spaß, gegen den Wind zu segeln, aber auf lange Sicht frißt es zuviel Energie.

Vor einiger Zeit saß ich im Flugzeug neben dem Nike-Boß Philip Knight. Hinter uns saß jemand aus dem mittleren Kader. Er verbrachte den ganzen Flug am Telefon, bellte Anweisungen hinein und verbrauchte eine Unmenge von Energie mit viel Lärm (um nichts). Es war, als wolle er den Leuten zeigen, wie wichtig er war. Unterdessen verbrachte der Milliardär Phil, in dessen Unternehmen Tausende von Leuten Arbeit finden, seine Zeit mit Denken, Lesen und Dösen. Eine spürbare Gelassenheit umgab ihn, und mir wurde klar, wieviel Energie bei Geschäften durch das Ego und Vorgeben falscher Macht vergeudet wird. Im Gegensatz dazu stammt echte Macht aus dem inneren Kontakt zu sich selbst und dem Universum.«

Als praktische Schritte in dieser Richtung tut Jerry zweierlei, und beides könnten alle ganzheitlichen Manager in Erwägung ziehen. Er verbringt die erste Stunde seines Geschäftstages mit Meditieren. Nachdem er so den Kontakt zu seinem inneren Selbst und dem Kosmos erneuert hat, schreitet er zur Tat. Seine zweite Stärke ist die, daß er jeden Donnerstag in völligem Schweigen verbringt. Er schickt Faxe und dergleichen, aber er redet mit niemandem. Sowohl er als auch seine Belegschaft haben festgestellt, daß diese »Auszeiten« äußerst produktiv sind. Sie genießen einen Tag ohne seine Anweisungen, weil sie dadurch Gelegenheit haben, im Lauf der Woche liegengebliebene Aufgaben zu erledigen. Als einmal sehr viel zu tun war, wollte er den Schweigedonnerstag zugunsten seiner Mitarbeiter aufheben, aber sie beschworen ihn, das nicht zu tun, weil sie dessen Wert für sein Wohlbefinden und seine Kreativität so beeindruckt hatte.

Vielversprechende Mitarbeiter behalten

Im Betriebsleben ist es eine Herausforderung, sich gute Leute zu erhalten. Paradoxerweise haben es Unternehmen, je reifer sie werden, oft um so schwerer, kreative Leute zu behalten. Die Bürokratie nimmt zu, die Regeln verhärten sich, die Kommunikation muß über eine oder mehrere Ebenen geführt werden. Viele schöpferische Menschen, denen wir in Unternehmen begegnet sind, haben uns im Vertrauen gesagt, wie frustriert sie wegen der Einschränkungen und Regeln an ihrem Arbeitsplatz waren.

Als Kate Vice-President in der Personalabteilung bei KLA Instruments war, setzte sie Intuition, gutes Zuhören, das Aussprechen der Wahrheit und die gute, altmodische Kreativität ein, um einen wertvollen Mitarbeiter zu behalten: »Mark war Vice-President im Bereich Technik und ein kreativer Mensch, der mit seinen Entwürfen dem Unternehmen wahrscheinlich 200 Millionen Dollar eingebracht hatte. Ich kannte ihn nicht sehr gut und sah ihn auch nicht häufig, weil er in einem anderen Gebäude arbeitete. Eines Morgens kamen mir immer wieder unangenehme Gedanken, als würde er mich am Ärmel zupfen. Ich gab meiner Intuition nach, fuhr zu seinem Gebäude und klopfte an seine Tür. Da saß er, starrte Löcher in die Luft, offensichtlich verwirrt und unglücklich. Ich setzte mich und fragte ihn, was los sei. Nachdem er anfänglich um den heißen Brei herumgeredet hatte, spuckte er es schließlich aus. Er hatte eben ein Angebot von einer anderen Firma bekommen und überlegte sich, seine Stellung bei uns zu kündigen. Ich war wie vor den Kopf gestoßen, weil er so unersetzlich und so sehr Teil unserer Unternehmenskultur war. Aber ich hatte gelernt, daß es nie funktioniert, jemanden zu kaufen, weil die Leute nicht für Geld allein arbeiten. Also nahm ich alle meine zuhörerischen Fähigkeiten zusammen und fand heraus, worin sein Problem lag. Es dauerte ein paar Stunden, bis die Geschichte vollständig war. Dabei stellte sich heraus, daß er sehr ungern pendelte und auch die administrative Seite seiner Arbeit nicht mochte, weil es ihn von seinen zwei Kindern und seiner Frau, die mit dem dritten Kind schwanger war, fernhielt. Das Pendeln war eine echte Hürde. Er brauchte eineinhalb Stunden im Berufsverkehr und eine Stunde, wenn er früher kam und später ging. Das andere Unternehmen war fünf Minuten von seinem Haus entfernt, und das machte das Angebot verlockend, obwohl er sehr gern für uns arbeitete. Ich strich vorläufig alle Termine, und wir setzten uns eineinhalb Tage zusammen, um eine perfekte Arbeitsstelle für ihn zu entwerfen. Zuerst ging es zäh voran, weil er sich nicht vorstellen konnte, daß die Umstände, die ihm als eine perfekte Arbeitsstelle erschienen, bei KLA je möglich wären. Schließlich hatten wir eine kreative Lösung ausgearbeitet, die allen seinen Bedürfnissen und auch denen des Unternehmens gerecht wurde. Wir mieteten Büroräume für ihn in einem Geschäftshaus ganz in der Nähe seines Hauses und richteten es so ein, daß er nur zweimal wöchentlich für größere Sitzungen zum Hauptsitz zu kommen brauchte. Dann befreiten wir ihn von den rein administrativen Belangen seiner Arbeit und stellten einen Manager dafür ein, wodurch er sich voll auf seine große Liebe, das Entwerfen neuer Technologien, konzentrieren konnte. Als ich ein Jahr später ging, war er mit dieser Lösung immer noch sehr zufrieden.«

Kostspielige Fehler intuitiv vermeiden

Der ganzheitliche Manager und CEO einer Firma in Silicon Valley berichtete, wie sich die Intuition bei einem Übernahmevertrag für ihn zeigte: »Der Vorsitzende war ganz scharf darauf, eine Firma im Osten aufzukaufen, die eine neue Technologie entwickelt hatte und seiner Meinung nach gut zu den langfristigen Zielen unseres Unternehmens paßte. Ich wußte nichts über die Firma und hatte auch kein besonderes Gespür für diese Technologie, aber je länger ich darüber nachdachte, desto mehr wollte ich mit einer unserer Vice-Presidents darüber sprechen. Das war ein ungewöhnlicher Gedanke, weil sie gewöhnlich nichts mit solcherlei Projekten zu tun hatte. Trotzdem folgte ich meiner Intuition und traf mich mit ihr. Wir beschlossen gemeinsam, daß sie am nächsten Tag hinüberfliegen und die Führungsetage der dortigen Firma kennenlernen sollte. Nach diesem Treffen kam sie mit dem nagenden Gefühl zurück, daß etwas bei der Sache nicht stimmte, aber sie konnte nicht sagen, was. Sie mochte die Leute, aber etwas an diesem Geschäft war faul. Wir beschlossen, noch mehr Zeit und Geld zur Prüfung der Firma zu investieren, und stellten daraufhin fest, daß ihr Technologieansatz größere Fragen aufwarf. Im Grunde gab es gar keinen Markt dafür. Daß ich auf meine Intuition geachtet hatte, ersparte unserem Unternehmen schließlich Millionen von Dollars, auch wenn ich damit die Wünsche des Vorsitzenden in den Wind schlagen mußte. Aber schließlich stimmte auch er zu, die Entscheidung sei richtig gewesen, besonders als ihm klar wurde, was wir verloren hätten.«

Vom Umgang mit Jammerlappen und unproduktiven Mitarbeitern

Unproduktivität ist gewöhnlich darauf zurückzuführen, daß die Betreffenden sich selbst gegenüber nicht offen und ehrlich sind. Sie tun nicht, was sie eigentlich tun möchten. In der Post sitzen lauter Leute, die liebend gerne Schriftsteller wären, während Schriftsteller oft von einem einfachen Job wie Briefesortieren träumen. Falls Sie von der warmherzigen Sorte sind, haben Sie die Aufgabe, mit diesen Leuten zu reden und sie zu fragen: »Was möchten Sie denn eigentlich tun?« Sofern Sie ihnen dabei behilflich sein können, das irgendwie zu verwirklichen, wunderbar! Wenn nicht, sehen Sie zu, daß sie so schnell wie möglich den Türgriff in die Hand nehmen. Die Post kann das nicht tun, aber Sie wahrscheinlich schon.

Auch Jammerlappen beschweren sich, weil ihnen Integrität abgeht, aber ihre Verstöße dagegen gehen tiefer. Zuallererst fehlt es ihnen an Integrität sich selbst, aber gewöhnlich auch dem Unternehmen gegenüber. Manchmal sind Beschwerden gerechtfertigt, aber wenn jemand ständig murrt, verstößt er gewöhnlich gegen die Gebote der Integrität und will es nicht zugeben. Wer am lautesten nach Gerechtigkeit im Büro kräht, stellt sich bestimmt als Ihr größter Büroklammerndieb heraus.

Ein ganzheitlicher Manager erinnerte sich: »Der President stellte einen Topmann einer anderen Firma ein, der praktisch in dem Augenblick, in dem er zur Tür hereinkam, anfing, sich zu beschweren. Nachdem wir eine Weile zugehört hatten, schotteten die meisten von uns ab und nahmen an, daß es sich um eine Charakterschwäche handele. Eines Abends stellte es sich heraus. Ich machte Überstunden, weil die Ferien nahten, und sah, wie unser Mann mit seiner Frau ins Büro kam. Das ist seltsam, dachte ich. In den vielen Stunden, die sie dort verbrachten, mußte ich immer wieder an seinem Büro vorbeigehen. Jedesmal telefonierten sie mit irgendwelchen Verwandten! Sie waren ins Büro gekommen, um ihre Ferientelefonate zu machen. Es dauerte nicht lange, bis unser Topmann von der Bildfläche verschwand.«

Der ganzheitliche Manager in der Praxis: Beherzte Lösungen für alltägliche Geschäftsprobleme

Vom Umgang mit Büroliebschaften

Liebesaffären sind oft für alle Beteiligten sehr problematisch. Ein ganzheitlicher Manager und Bekannter machte sich die bereits beschriebenen Methoden zunutze, um eine heikle Situation zu lösen, die ein größeres Projekt behinderte.

»Ich war damals Vice-President, und das Unternehmen wollte gerade ein größeres neues Produkt lancieren. Alle waren unter Druck und arbeiteten achtzig bis neunzig Stunden in der Woche; als die Gerüchtemaschine zu surren anfing, breiteten sich die Erschütterungen durch das gesamte Vorhaben aus. Diesem Gerücht zufolge hatte ein mir unterstellter Geschäftsführer eine Affäre mit einer ihm untergebenen Frau. Beide waren verheiratet. Zuerst war ich wie vor den Kopf gestoßen. Niemand hatte mir in meinem Betriebswirtschaftsstudium gesagt, wie man mit solchen Problemen umgeht, und ich hatte noch nie damit zu tun gehabt.

Als ich mich hinsetzte, um zu überdenken, was zu tun sei, merkte ich, wie widersprüchlich meine Wertvorstellungen waren. Ich sah mich nicht als Schiedsrichter über das moralische Verhalten anderer, aber andererseits war ich mir auch vollends im klaren, was eine Klage wegen sexueller Belästigung bedeuten würde. Meine Hauptsorge war, daß Lügen und Vertuschen zu einem kritischen Zeitpunkt in der Firmenentwicklung das Gesamtgleichgewicht bedrohen könnten. Ich beschloß zu handeln. Zuerst ging ich der Sache auf den Grund und versuchte herauszufinden, ob es irgendwelche nachweisbaren Tatsachen gab. Es gab sie. Dann ging ich zum Betreffenden ins Büro und sagte ihm, mir sei das Gerücht zu Ohren gekommen. Ich sagte ihm, ich wisse nicht und brauche auch nicht zu wissen, ob das Gerücht stimme. Dann erklärte ich ihm alles, was ich mir überlegt und gehört

Projekt-management: Erfolgreich mitspielen

hatte. Ich sagte ihm, wie ich die Folgen sowohl für ihn wie das Unternehmen einschätzte, wenn das Gerücht stimmte. Dann erklärte ich ihm die rechtlichen Risiken, so gut ich konnte. Er sagte während dieser Unterredung nicht viel, schaute dabei aber oft auf den Boden; seine Körpersprache verriet, daß er sich schuldig fühlte.
Zwei Tage später hörte ich, die betreffende Frau sei zur allseitigen Zufriedenheit versetzt worden. Die Gerüchte versickerten, und bevor ein Jahr um war, waren beide befördert worden. Das Projekt wurde ein voller Erfolg, und ich hatte den Beweis, den ich gebraucht hatte, daß nämlich die Wahrheit zu sagen die Lage rettete.«

Machtkämpfen ein Ende setzen

Zu den hauptsächlichen Energieschluckern in Betrieben gehören Machtkämpfe. Einer der ganzheitlichen Manager, die wir für dieses Buch befragten, sagte geradeheraus: »Wenn die Machtkämpfe nicht wären, die in den meisten amerikanischen Unternehmen stattfinden, hätten wir kein Handelsdefizit mit Japan. Die Japaner haben herausgefunden, wie man ohne ein solches pubertierendes Verhalten durchkommt. Wahrscheinlich ist ihr System für den amerikanischen Geschmack zu hierarchisch strukturiert, aber wir müssen uns etwas einfallen lassen, solange wir noch dazu in der Lage sind.«
Man hat es schon unzählige Male erlebt. Manager X zankt sich mit Manager Y darüber, wer bei einem bestimmten Projekt bessere Arbeit leistet. Oder Manager Z will seine Informationen Manager A nicht mitteilen. Das heißt im Klartext: Das hier ist mein Revier, und du kannst hier nicht herein. Unsere Affenvettern führen uns das ganz schonungslos vor. Übertreten sie die Grenzen ihres Reviers, werden sie ange-

spuckt oder mit etwas noch Unangenehmerem beworfen. Alle, die einige Zeit in Betrieben verbracht haben, haben sich einen gesunden Respekt davor erworben, wie stark dieser Unfug die Produktivität einschränken kann. Eine langjährige Unternehmensleiterin erzählte uns, in ihrem Unternehmen seien Deckenplatten ein Maßstab für das jeweilige Revier. Die Leute würden tatsächlich die Deckenplatten zählen, um die genaue Quadratmeterzahl ihres Büros zu bestimmen.

Wir werden oft als Berater zugezogen, wenn Machtkämpfe außer Kontrolle geraten sind. Dabei haben wir festgestellt, daß die meisten Machtkämpfe durch zehn Minuten aufrichtiger, authentischer Kommunikation hätten vermieden werden können. Und wenn sich alles löst, liegt es häufig daran, daß die Betreffenden sich diese wenigen Minuten für ein offenes Gespräch nehmen, die sie sich von Anfang an hätten nehmen können.

Machtkämpfe fallen gewöhnlich auf die zurück, die sie anzetteln. Wir haben das so oft miterlebt, daß wir Vertrauen in eine Gerechtigkeit oder ein Karma in der Welt gewannen. Hier ein typisches Beispiel: Ein neuer Vice-President im Bereich Marketing (den wir Mark nennen wollen) wurde eingestellt und schien anfänglich gute Arbeit zu leisten. Nach einigen Monaten konnte er plötzlich einen der technische Manager nicht mehr leiden und begann, ihn für allerlei Schwierigkeiten verantwortlich zu machen. Nach einigen politischen Schachzügen aus Marks Ecke zog sich der Manager aus seiner aktiven Rolle zurück. Es sah zuerst so aus, als hätte Mark gewonnen, aber rasch sollte die Geschichte eine völlig neue Wendung nehmen. Der CEO hatte derart genug von Marks Schuldzuweisungen, daß Mark der nächste war, der gehen mußte.

In einem Machtkampf ist Rechthaben wichtiger als gute Ar-

Projektmanagement: Erfolgreich mitspielen

beit im laufenden Projekt zu leisten. In Marks Fall hatte ihn der Drang zum Rechthaben den Überblick gekostet, und gerade als er seinen Sieg über seinen Widersacher feierte, stand ihm ein böses Erwachen ins Haus.

Einmal wurden wir zugezogen, um einen Machtkampf zu beenden, der ein kleines Vermögen an Zeit, Energie und Geld gekostet hatte. Er fand in einer der größten amerikanischen Konsumgüterfirmen statt und hätte mit zehn Minuten klarer Kommunikation, wie wir sie eben erwähnten, vermieden werden können: Bei einem Retreat (Einkehr) außerhalb des Unternehmens zur Visionsfindung begeisterte sich der gesamte technische Stab für eine neue Produktrichtung. Als die Begeisterung dafür ihren Höhepunkt erreicht hatte, ließen sie Perry – den Vice-President im Marketing – holen, um ihn ebenfalls dafür zu begeistern. Er war in einer viel tristeren Sitzung gewesen und kam völlig unvorbereitet hin, ohne eine Ahnung zu haben, was die Techniker ausgeklügelt hatten. Das machte ihn nervös, worauf er überreagierte und verkündete, es sei seine Aufgabe, neue Produktrichtungen vorzuschlagen. Jack, der technische Abteilungsleiter, versuchte zu erklären, daß sie nur gerade völlig begeistert ein Brainstorming gemacht hatten und ihn davon unterrichten wollten. Perry wollte mit alledem nichts zu tun haben und stürmte hinaus.

Jack und Perry waren zwei so unterschiedliche Menschen, wie es in der High-Tech-Welt nur möglich ist. Jack war ein grundsolider Techniker ohne einen Funken diplomatischer Schläue. Er beschrieb sich selbst auch als »politischen Dussel«. Perry hingegen war ein äußerst gewitzter Unternehmenspolitiker, ein Verkäufer mit einer zuckersüßen Stimme und im Armani-Anzug. Nach der Sitzung begann ein Machtkampf zwischen ihnen, der zwei Jahre lang dauern sollte. Als wir hinzugezogen wurden, hatte sich dieser Streit über drei Managementebenen ausgedehnt. Da setzten wir eine Frist: Wir würden zwei Tage und wenn nötig bis in die zweite Nacht hinein arbeiten, aber niemand sollte weggehen, bis das Problem gelöst war. Als die Frist am Abend des zweiten Tages näher rückte, kam es endlich zu einem Durchbruch. Beide erkannten, daß sie einander ganz am Anfang vor zwei Jahren massiv mißverstanden hatten. Als sie sich auf diesen Moment zurückbesannen, konnten sie ihre Ängste formulieren und wie diese ihre Wahrnehmung der Ereignisse getrübt hatten. Die Spannung im Raum ließ spürbar nach, als die beiden »verdienstvollen Gegner« einander endlich akzeptierten.

Was soll man also mit Machtkämpfen tun? Erstens, sie genauso sehen, wie sie sind: Ein Primat, der in der Angst lebt, versucht einen anderen Primaten davon abzuhalten, ihn aus der Leittierrolle zu verdrängen. Wenn Sie erkannt haben, daß es sich um einen »Gorillakrieg« handelt, haben Sie schon einen viel leichteren Stand – Sie haben das Spiel beim Namen genannt. Als nächstes gilt es, in sich zu gehen. Nehmen Sie selbst an irgendwelchen Revierkämpfen teil? Es ist natürlich schwieriger, solche Dinge bei sich selbst als in anderen zu erkennen. Aber gehen Sie zuerst in sich.

Dann entscheiden Sie sich, wie Sie das Spiel beenden wollen. Das tun Sie, indem Sie beschließen, weder an Machtkämpfen teilzunehmen noch sie zu unterstützen. Wenn Sie merken, daß Sie zu den Deckenplatten hinaufschauen, nehmen Sie, statt sie noch einmal zu zählen, einen tiefen Atemzug und erinnern sich an das, worum es eigentlich geht: um Ihre innere Harmonie und Ihren kreativen Beitrag zu dem jeweiligen Vorhaben.

Die Langeweile aus Sitzungen verbannen

Als Berater werden wir häufig gebeten, Sitzungen zu leiten. Dabei haben wir festgestellt, daß bei Sitzungen oft deshalb nichts herauskommt, weil nicht alle sich voll für deren Erfolg verantwortlich fühlen. Eigentlich kommt es sogar häufig vor, daß nur derjenige, der die Sitzung einberufen hat, und seine Opponenten wirklich mitmachen. Deshalb haben wir eine wirksame Strategie entwickelt, die alle zum Mitmachen anspornt.

Wir hängen jeweils eine Zehnpunkteskala auf, auf der 10 »ganz dabei« und 1 »zu Tode gelangweilt« bedeutet. Dann bitten wir die Anwesenden jede Viertelstunde, sich einzustufen und etwas zu unternehmen, um auf 10 zu kommen. Die meisten geben bereitwillig zu, daß sie nicht interessiert sind, aber oft schieben sie die Schuld dafür dem Team, dem Vorsitzenden oder dem Inhalt der Sitzung zu. Wenn sie selbst Verantwortung übernehmen – und dann merken, daß die Sitzung wegen ihrer eigenen Langeweile langweilig ist –, wirkt das Wunder. Die Teammitglieder sehen plötzlich ein, was Langeweile auslöst und was Mitmachen fördert. Sie fangen an, sich fürs Mitmachen verantwortlich zu fühlen, und meistens reicht das bereits.

> *Falls wir die Antwort schon kennen, brauchen wir keine Sitzung. Wenn wir eine Sitzung abhalten, wollen wir wie Leute miteinander reden, die ein schwieriges Problem zu lösen haben. Das heißt, offen, ehrlich und ohne etwas zurückzuhalten, miteinander reden – und ohne die Dinge irgendwie zu arrangieren.*
>
> BOB SHAPIRO

Vom Rückschlag zum Erfolg

Rückschläge gibt es einfach. Sie können das beim Schuhmacher an der Ecke oder bei General Motors oder IBM feststellen. Zuerst passiert etwas. Dieses Etwas kann so unbedeutend sein wie eine nicht eingetroffene Lieferung oder etwas so Umfassendes wie ein Börsenkrach. Das Ereignis an sich führt nicht zum Rückschlag, erst die Reaktion der Beteiligten darauf löst die Schwierigkeiten aus.

Ein Rückschlag wird dadurch ausgelöst, daß man sich auf unproduktives Nachfragen einläßt: Wessen Schuld ist es? Manchmal läßt sich ein Sündenbock finden: Es ist seine oder ihre Schuld. Ein andermal wird die Schuld außen gesehen: Die Welt ist daran schuld. Manchmal haben Sie Glück, finden einen Sündenbock und entlassen ihn. Aber die Welt kann man nicht entlassen. Am Abend vor seinem Selbstmord diktierte Hitler sein Testament, in dem er jede Verantwortung für den Krieg ablehnte und ihn den Juden in die Schuhe schob. Manche scheinen es einfach nie zu begreifen.

> *Gewinner von morgen gehen proaktiv mit chaotischen Zuständen um und betrachten Chaos an sich als Wurzel eines Marktvorteils und nicht als ein Problem, das man tunlichst vermeiden sollte.*
>
> TOM PETERS

Es gibt nur eine produktive Frage in einer Krise: Was gibt es daraus zu lernen? Was ist zu tun? Wenn man sich auf das konzentriert, was es zu lernen und zu tun gibt, wendet sich ein Rückschlag immer zum Erfolg.

KAPITEL 7

Wohlstand schaffen

Den Lohn einbringen

Alle ganzheitlichen Manager, die wir für dieses Buch befragt haben, waren sich in einem einig: Reichtum beginnt im Geist des Menschen. Wir haben besonders viele Gespräche mit Männern und Frauen geführt, die ihren Reichtum verdient und nicht geerbt hatten. Dabei konnten wir feststellen, daß sie erstaunlich ähnliche Ansichten über Reichtum hegten. Sie hatten alle eine bewußte Entscheidung getroffen, für sich und andere Wohlstand zu schaffen. Wie ihnen das gelang, war unterschiedlich. Manche haben sich die handfesten Lebensweisheiten von Napoleon Hill, George Classon und anderen Schriftstellern über Wohlstand und Erfolg angeeignet. Andere haben eigene Methoden angewendet und ihre Lektionen über den Wohlstand in der strengsten aller Wirtschaftsschulen gelernt: der »harten Schule des Lebens«.

> *Sie werden vielleicht enttäuscht sein, falls es Ihnen nicht gelingt, aber wenn Sie es nicht versuchen, sind Sie verloren.*
>
> BEVERLY SILLS

Im vorliegenden Kapitel fassen wir alle Grundsätze dazu zusammen, die wir im Gespräch mit ganzheitlichen Managern kennengelernt haben. Alle diese Methoden wurden von Menschen wie Ihnen und uns mit Erfolg angewendet, und wir beschreiben sie hier, damit Sie sie ausprobieren können.

Wir haben sie ebenfalls bei unserem eigenen erfolgreichen Streben nach finanzieller Unabhängigkeit eingesetzt. Wir wünschen Ihnen, daß sie Ihnen ebenso gute Dienste leisten wie uns.

Einsichtsvolle Ausdauer

Die Firmenwälder sind voll von dem, was in der Unterhaltungsmusik Einmalhits entspricht. Das sind Leute, die einen plötzlichen Erfolg landen, dann schnell ausbrennen, die Dinge vermasseln oder von der Bildfläche verschwinden. Wenn Sie Geld, Liebe oder irgend etwas anderes in Hülle und Fülle haben wollen, müssen Sie ständig dranbleiben. Ausdauer gewinnt praktisch jedesmal das Rennen gegen Kreativität und Talent. War John Belushi ein besserer Komödiant als Jay Leno? Spielt wohl keine so große Rolle mehr, nicht wahr?

> *Achtzig Prozent des Erfolgs kommen davon, daß man sich einfach nur zeigt.*
> WOODY ALLEN

Gay war im Bergnest eines strahlenden Siebzigers zum Mittagessen eingeladen. Dieser Mann – ein vielfacher Millionär – war als Jugendlicher zu Fuß von Deutschland bis an die französische Küste gelaufen, den Nazis immer um eine Nasenlänge voraus. Er schiffte sich ein und fuhr nach Amerika, wo er niemanden kannte und auch die Sprache nicht beherrschte. Ende Dreißig war er verheiratet, hatte eine Familie und tausend Häuser gebaut. Voller Erfolgsdrang machte er ein Vermögen von fünf Millionen Dollar und zog sich daraufhin zurück, um das Leben zu genießen. Dann ging die Wirtschaft baden, und er machte nicht nur Konkurs, sondern saß auch noch mit Unmengen von Bauholz da. Innerhalb von fünfzehn Jahren war er vom völlig mittellosen Niemand Millionär geworden und dann bankrott gegangen. Hatte ihm das etwas ausgemacht?

Wohlstand schaffen: Den Lohn einbringen

»Allerdings hat es mir etwas ausgemacht! Aber man muß sich aufrappeln und weitergehen. Jede Minute, die man mit Nachdenken darüber verbringt, wie es war oder sein sollte, hat man nicht darüber nachgedacht, wie man es schaffen könnte. Ich hatte allerdings trotzdem noch einige Trümpfe in der Hand: Wenn man im Winter 800 Kilometer zu Fuß vor den Nazis geflohen ist, dann ist der Umgang mit einem Haufen aufgebrachter Bankiers ein Kinderspiel. Der andere Trumpf war meine Ausdauer. Ich hatte sie schon als Kind und habe sie auch heute noch. Ich weiß, daß ich einen schönen Tag haben werde, wenn ich jeden Morgen einfach aufstehe und zusehe, wo ich einen Beitrag leisten kann.«

Diese Haltung hat ihm sehr genützt. In Vietnam fing es gerade an zu brodeln, als er sein überschüssiges Bauholz an den Mann zu bringen versuchte, und somit wurde er einer der Hauptholzlieferanten in jenem Krieg. Bald saß er wieder in den Millionärsrängen und hat seither nie mehr zurückgeschaut.

> *Nichts auf der Welt kann die Ausdauer ersetzen: Begabung nicht – nichts ist alltäglicher als erfolglose hochbegabte Menschen. Genie nicht – verkannte Genies sind beinahe schon sprichwörtlich. Und Bildung nicht – die Welt ist voll gebildeter auf der Strecke Gebliebener. Nur mit Ausdauer und Entschlossenheit läßt sich alles erreichen.*
>
> CALVIN COOLIDGE

Wenn Sie etwas Ausdauer zu Kreativität und Talent hinzufügen, ergibt das eine hochwirksame Mischung. Ganzheitliche Manager wissen, daß sich regelmäßig immer wieder zu zeigen wie eine Zauberformel Widrigkeiten in Herausforderungen umwandelt. Wenn das Pferd Sie abwirft und Sie das als Rückschlag betrachten, macht Ihnen das Reitenlernen nicht eben Spaß. Wenn Sie es aber als etwas grundsätzlich Dazugehöriges und Notwendiges beim Reiten betrachten, sehen Sie solche Widrigkeiten in einem Rahmen, der es Ihnen erlaubt, zielgerichtet zu bleiben.

Bekommen, was Sie sich wünschen

Der erste Grundsatz zum Erwerb von Wohlstand lautet: Reichtum heißt bekommen, was Sie sich wünschen. Der zweite Grundsatz lautet: Genießen, was Sie haben. Sie werden überzeugende Argumente gegen beide Grundsätze zu hören bekommen. Fast alle haben gute Gründe anzuführen, weswegen Sie nicht bekommen sollten, was Sie sich wünschen. Die Welt ist voller Menschen, die eifrig für das Mittelmaß plädieren und sich mit weniger zufriedengeben. Hören Sie nicht auf sie. Andere werden hervorragende Gründe dafür anführen, weswegen Sie nicht genießen sollten, was Sie haben. Es gibt so viel Leid in der Welt, daß viele meinen, das müsse so sein. Hören Sie auch nicht auf sie. Es ist völlig in Ordnung, zu bekommen, was Sie sich wünschen, und zu genießen, was Sie haben. Von dieser Warte aus kann man anderen dazu verhelfen, zu bekommen, was sie sich wünschen, und zu genießen, was sie haben. Genau das macht im Leben Spaß. Ein Weiser sagte einst, ein Leben völligen Müßiggangs sei die schwerste Laufbahn, die man sich denken könne. Menschen sind nicht für grenzenlose Muße geschaffen. Was den wahrhaft Erfolgreichen antreibt, ist der Beitrag, den er leisten kann. Für die ganzheitlichen Manager, die wir für dieses Buch befragt haben, war die Motivation, einen Betrag im Leben anderer zu leisten, jeweils ausschlaggebend.

Und weshalb sollten Sie dabei nicht bekommen, was Sie sich wünschen, und genießen, was Sie haben?

Eine Freundin der Autoren beschloß, Medizin zu studieren. »Das kannst du nicht tun«, sagten alle, von ihrer Mutter angefangen bis zum Dekan der städtischen medizinischen Hochschule, »du bist vierundvierzig Jahre alt!« Sie bewarb sich an mehreren Hochschulen und wurde überall abgewiesen. Schließlich bewarb sie sich bei einer Universität in Holland. »Wir erwarten Sie in drei Monaten«, schrieb man ihr von dort, »und übrigens sind alle Vorlesungen in Holländisch. Sehen Sie zu, daß Sie es bis dahin können.« Damals konnte sie noch kein Wort Holländisch, aber drei Monate später sprach sie es fließend. Heute ist sie knapp über fünfzig, praktiziert als Ärztin und hat erreicht, was sie wollte.

Wohlstand schaffen: Den Lohn einbringen

Gay saß einmal auf einer Bank in einem Pariser Park bei einem Becher Kaffee und fütterte Vögel. »Eine Frau um die Sechzig setzte sich neben mich, und wir kamen ins Gespräch. Sie sagte, sie sei eben aus Portugal gekommen. ›Oh‹, fragte ich, ›wie sind Sie gereist?‹

›Ich bin zu Fuß gekommen‹, antwortete sie und erzählte weiter, daß sie mit 62, als sie in Rente gegangen war, beschlossen hatte, von Arizona aus zu Fuß um die Welt zu gehen. Freunde und Familienmitglieder hatten eine erbitterte Kampagne gestartet, um sie davon abzubringen, aber sie hatte nicht auf sie gehört. Zuerst ging sie zu Fuß nach Kalifornien, besann sich aber dann anders und ging in die andere Richtung. Sie war gerade beim elften Paar Turnschuhe angelangt, als wir einander begegneten. Da sie einen Ehering trug, fragte ich sie, wo ihr Mann sei. ›Daheim in Arizona‹, sagte sie. ›Ich habe ihn gefragt, ob er nicht mitkommen wolle, aber er wollte nicht. Er wollte lieber zu Hause bleiben und fernsehen.‹ Aber sie hatte sich deswegen nicht von ihrem Vorhaben abbringen lassen.«

Als Berater hatten wir Gelegenheit, mit vielen Leuten zu sprechen, die in ihrem Berufsleben dasselbe wie eine Weltumwanderung unternommen hatten. Darunter war ein Mann, der seine Arbeit in einem Unternehmen aufgegeben hatte, weil sie ihn abstumpfte, um seine eigene Firma zu gründen. Er zog aus einem schicken Büro mit Sicht über halb Chicago in enge Räumlichkeiten in einem Industriegebiet am Stadtrand. »Aber wenigstens hing mein Name an der Tür. Niemand war für mich verantwortlich außer mir.« Zwei Jahre später ging seine Firma ein. »Aber wissen Sie was? Ich war sogar glücklicher damit als in den fünf Jahren zuvor beim anderen Unternehmen.« Zwei Jahre nach diesem Fehlschlag war er wieder am Ball und wurde einer der führenden Köpfe in der Industrie.

Wir haben mit über fünfzig Leuten gesprochen, die den Sprung gewagt und ihr eigenes Unternehmen gegründet haben. Das ist nur etwa zwanzig von ihnen gelungen. Aber wir erinnern uns an keinen einzigen, der diesen Schritt bereut hätte. Etwas ist daraus entstanden, auch wenn es oft nicht ins Bild paßte, das sie sich ausgemalt hatten.

Genießen, was Sie haben

Wenn Sie haben, was Sie wollen, stellt sich Ihnen die Frage, wie Sie das alles in einer Welt voller Scham und Mangel genießen sollen. Lassen Sie sich auch davon nicht abbringen, sondern tun Sie's: Erreichen Sie, was Sie wollen. Sie werden wissen, ob Sie es wirklich wollen, wenn Sie bereit sind, dafür zu Fuß um die Welt zu gehen. Aber wenn Sie es dann haben, fragt es sich immer noch, wie Sie genießen können, was Sie haben.

Ein ganzheitlicher Manager unter unseren Bekannten verschaffte sich eine Einladung zu einem Mann, der 100 Millionen Dollar gemacht hatte. Die Kiefermuskeln des Mannes bewegten sich ständig, während er seinen Herzenswunsch äußerte, die Milliardengrenze zu überschreiten. Er war Kettenraucher und nörgelte während des ganzen Gesprächs, das im Schutzbunker vier Stockwerke unter seinem in der Nachmittagssonne erstrahlenden Haus stattfand, an seiner Frau herum. Er sagte, die Schönheit der Natur würde ihn daran hindern, sich auf seine Arbeit zu konzentrieren. Obschon alles darauf hinwies, daß er es geschafft hatte, besaß er dennoch nicht, was er sich gewünscht hatte, und genoß das Erreichte nicht.

Wohlstand schaffen: Den Lohn einbringen

Ganzheitliche Manager wissen, daß es nur an ihnen liegt, ob sie mit etwas zufrieden sind und Freude daran haben, und genau dort beginnen sie. Sie fangen damit an, das zu genießen, was sie jetzt gerade haben.

Das Abc des Wohlstands

Das erste Gesetz zum Erreichen von Wohlstand lautet: Sie entscheiden über das, was Sie denken. Sie können jedes Ziel wählen und alle finanziellen Regeln aufstellen, denen zufolge Sie leben wollen, solange es keinem Grundgesetz im Lauf des Universums zuwiderläuft. Dem, was Sie sich ausdenken können, sind keine Grenzen gesetzt. Um es in die materielle Welt umzusetzen, müssen Sie es durch die Tat untermauern, aber der zündende Moment findet statt, wenn Sie die Verantwortung dafür übernehmen und es sich so ausdenken, wie Sie es haben wollen.

> *Es gibt zwei Ziele im Leben: erstens zu bekommen, was man möchte, und zweitens, es zu genießen. Nur den weisesten Menschen gelingt das zweite.*
>
> LOGAN PEARSALL SMITH

Wenn Sie wirklich verstehen, was dieser Grundsatz besagt, sind Sie in der Lage, tatsächlich Wunder für sich und Ihr Unternehmen zu bewirken.

Der gesamte Reichtum entsteht im Geist. In Zürich wird er zwar oft in Gold aufgewogen oder mit Piepstönen auf einem Computerbildschirm angezeigt. Auf einer entlegenen Insel im Südpazifik wird er vielleicht in Kaurimuscheln berechnet. Aber immer und überall ist er die einfache Folge von Abmachungen, die durch einen schöpferischen menschlichen Geist aufgestellt wurden.

Der ganzheitliche Manager in der Praxis: Beherzte Lösungen für alltägliche Geschäftsprobleme

Das Gute daran ist, daß wir alle diese Kreativität in uns haben. Wenn Sie wissen, wie Ihr Bewußtsein arbeitet, verstehen Sie auch, wie Reichtum entsteht.

Der menschliche Geist hat sich so weit entwickelt, daß wir uns heute bewußt in Verbindung mit dem Unendlichen wahrnehmen können. Natürlich freuen sich nicht alle über diese Verbindung oder setzen sie für ihr eigenes Glück ein. Aber in allen liegt dasselbe Potential, uns einer nahtlosen Beziehung mit der gesamten Schöpfung aufzuschließen.

Sobald wir die Verbindung mit dem Unendlichen akzeptieren, erkennen wir, daß wir mit der Quelle der Kreativität verbunden sind. Dieselbe kreative Macht, die Eichen, Delphine und Regenbogen hervorbringt, bringt auch uns hervor. Eine Eichel ist aus dem Nichts geschaffen, und in ihr liegt auch der Samen des Erschaffens verborgen. Sie ist geschaffen und erschafft zugleich.

> *Wir sind, was wir denken. Alles, was wir sind, entsteht in Gedanken. Wir erzeugen die Welt mit unseren Gedanken.*
>
> BUDDHA

Wir sind ein Mikrokosmos des gesamten Universums. Wir tragen die Schöpferkraft und die Schöpfung in uns.

Sie haben die Macht, etwas aus nichts zu erschaffen. Sie können sich jede erdenkliche Realität ausmalen. Solange sie den Gesetzen des Alls nicht zuwiderläuft, kann sie Form annehmen, vorausgesetzt, Sie handeln dementsprechend. Mit anderen Worten: Sie können die Regeln aufstellen, solange Ihre Regeln anderen Regeln nicht in die Quere kommen. Der Gedanke »Ich habe Liebe und Geld im Überfluß« läuft keinem Gesetz des Universums zuwider. Richten Sie Ihr Augenmerk darauf, unterstützen Sie ihn tatkräftig, und er verwirklicht sich. Wenn Sie eine Regel aufstellen, die besagt: »Ich kann stehlen, ohne erwischt zu werden«, wird Ihnen das wahrscheinlich nicht gelingen, weil sie anderen Regeln dieser Welt zuwiderläuft. Der Gedanke

Wohlstand schaffen: Den Lohn einbringen

»Wenn ich mit den Armen schlage, kann ich wie ein Adler fliegen« läuft einem allgemeinen Naturgesetz zuwider. Sie können ihn den ganzen Tag lang denken, er wird sich nicht verwirklichen lassen. Falls Sie das bestreiten möchten, schicken Sie uns ein Foto, dann setzen wir uns mit Ihnen in Verbindung.

Niemandem fügt eine neue Regel im Universum Schaden zu, die besagt: »Ich verfüge über Liebe und Geld in Hülle und Fülle.« Wenn Sie bereit sind, Liebe und Geld in Hülle und Fülle zu haben, übernehmen Sie eine Schöpferrolle: Tun Sie es, entscheiden Sie sich jetzt dazu.

Sprechen Sie die Worte aus, und spüren Sie, was dabei in Ihrem Körper vor sich geht: »Ich bin bereit und möchte Liebe und Geld im Überfluß.«

Gehen Sie einen Schritt weiter, und sagen Sie es in der Gegenwart: »Ich habe Liebe und Geld im Überfluß.« Empfinden Sie das körperlich als gegenwärtige Realität.

> *Geld kann Glück nicht erkaufen, aber das ist nicht der Grund, weswegen so viele Leute arm sind.*
>
> LAURENCE PETER

Um es noch einmal zu wiederholen: Sie können alles, was Sie wollen, erzeugen, solange es mit den Grundgesetzen über den Lauf des Universums in Einklang steht.

»Mein Einkommen ist immer viel größer als meine Ausgaben.«

»Jeder Dollar, den ich ausgebe, kommt vielfach zurück.«

»Ich habe mühelos reichlich Geld, um alles zu tun, was ich möchte.«

»Je mehr Menschen ich zum Wohlstand verhelfe, desto wohlhabender werde ich.«

Dem, was Sie sich ausdenken können, sind keine Grenzen gesetzt.

Der ganzheitliche Manager in der Praxis: Beherzte Lösungen für alltägliche Geschäftsprobleme

Wie man Wohlstandsbewußtsein im Unternehmen verbreitet

Sie tragen Ihren Überfluß oder Ihren Mangel Tag und Nacht mit sich herum. Er ist nicht in Ihrer Brieftasche oder auf Ihrem Bankkonto. Es gibt unendlich viele Leute mit sehr viel Geld, die geizig, unangenehm, gierig und unglücklich sind. Es gibt genauso viele, die praktisch in einem Paradies der Liebe leben und weder Zugang dazu haben noch es schätzen. Überfluß an Liebe und Geld fängt also im Bewußtsein an. Wir sind dafür verantwortlich. Wir können sagen: »Ich beschließe bewußt, Liebe und Geld im Überfluß in mein Leben einzulassen.«

Sie können diese Entscheidung als einzelner treffen und reichen Lohn erfahren, aber wenn Sie das als Gruppe oder ganzes Unternehmen tun, eröffnen sich noch viel gewaltigere Möglichkeiten. Wir haben an Sitzungen teilgenommen, an denen ein gesamtes Führungsteam den Schritt tat, für sich individuell und für das Unternehmen als Ganzes Überfluß zu wählen. Als die einzelnen Teilnehmer zu einem Team verschmolzen, war die Bewußtseinsänderung im ganzen Raum spürbar. Der verstorbene Philanthrop Andrew Carnegie lehrte, daß Wunder geschähen, wenn man fünf Menschen für ein Ziel begeistern könne. Ihm ist es gelungen: Er hat 1400 Bibliotheken in der ganzen Welt gegründet, und es ist noch Kleingeld für einige Universitäten übriggeblieben.

Der Nutzen des Wohlstandsbewußtseins besteht darin, daß Sie es überallhin auf der Welt mitnehmen können. Wenn Sie wissen, daß Ihr Wohlstand in Ihrem Geist beginnt, erzeugen Sie überall Liebe und Geld. Wenn Ihnen das nicht bewußt ist, können Sie mitten in einem Haufen Geld in einem Paradiesgarten sitzen und nicht wissen, wie Sie sich Zugang zum einen oder anderen verschaffen sollen.

Alles beginnt im Bewußtsein. Sie setzen es durch Ihre Entscheidung in Gang.
Treffen Sie diese Entscheidung gerade jetzt.
Ich entscheide mich für Liebe und Geld im Überfluß.
Oder auch nicht. Es liegt ganz bei Ihnen.
Wenn Sie Überfluß möchten, entscheiden Sie sich sorgfältig und in Ruhe dafür. Führen Sie ihn herbei, indem Sie folgendes denken und empfinden: *Ich entscheide mich für Liebe und Geld im Überfluß.*

Wohlstand schaffen: Den Lohn einbringen

Eine negative Einstellung zum Geld umpolen

Wenn Sie Überfluß in Ihrem Leben herbeiführen, wird Ihnen auch klarer, wann Ihre Handlungen aus einer begrenzenden Überzeugung über sich oder die Welt entstehen. Die Überzeugungen, die uns am meisten begrenzen, kommen nicht ans Tageslicht, bevor wir uns nicht dem Überfluß verpflichten. Vielleicht fällt Ihnen gleich nach Ihrer Entscheidung zum Überfluß etwas ein wie: »Solche Gedanken wirken bei mir sowieso nie!« Das ist der begrenzende Gedanke, der kraft Ihrer Verpflichtung zum Überfluß ans Licht gekommen ist. Alle negativen Gedanken, die an die Oberfläche steigen, wenn Sie einen solchen Satz in Erwägung ziehen, sind als alte Begrenzungen in Ihnen zu betrachten, die Sie oder jemand anders dort eingepflanzt hat. Bewerten Sie sie nicht als gut oder schlecht; lassen Sie sie einfach vor Ihrem geistigen Auge vorbeiziehen.

> *Die größte Entdeckung meiner Generation ist die, daß ein Mensch sein Leben verändern kann, indem er seine geistige Einstellung ändert.*
>
> WILLIAM JAMES

Es gibt eine bestimmte Methode, die im Umgang mit solchen aufsteigenden einschränkenden Gedanken hilft: Ersetzen Sie die alte, begrenzende Auffassung durch einen positiven Satz. Nehmen wir einmal an, daß Sie denken: »Ich verliere

Der ganzheitliche Manager in der Praxis: Beherzte Lösungen für alltägliche Geschäftsprobleme

immer Geld an der Börse.« Sie würden keinen solchen einschränkenden Gedanken haben, wenn Sie oder jemand, mit dem Sie sich identifizieren, nicht Mangel gelitten hätten und davon angesteckt worden wären. Wenn Sie eine solche Verletzung in sich aufdecken, wenden Sie die Heilkräfte Ihrer eigenen Gedanken dagegen an. Denken Sie: »Alle meine Investitionen sind rentabel.« Dann kommt vielleicht ein einschränkender Gedanke hoch wie: »Ich kann in finanziellen Dingen nie sicher sein.« Denken Sie dann etwas Positiveres: »Mir fließt finanzieller Überfluß zu.« Positive Gedanken wenden Sie am besten so an, daß Sie sie in Ihren Gedankenfluß fallen lassen, sobald Sie merken, daß ein einschränkender Satz vorbeizieht.

Positive Gedanken nehmen Ihnen Ihre negative Einstellung in jedem Fall. Vielleicht werfen Ihre Börseninvestitionen mehr ab, oder Sie verkaufen alle Papiere. So oder so haben Sie gewonnen. Zumindest tragen Sie den Makel der Negativität nicht mehr mit sich herum.

Wenn Sie begonnen haben, Ihre eigenen negativen Glaubenssätze in Sachen Geld aufzudecken, sehen Sie sich die wichtigsten Leute in Ihrem Leben an. Stellen Sie fest, ob sie negative Einstellungen mit sich herumtragen. Das ist deshalb so wichtig, weil das Zusammenspannen mit zwei oder drei wichtigen Leuten in Ihrem Leben viel schneller Überfluß erzeugt. Wenn Sie sich mit einem Lebenspartner verbunden haben, der ein Mangelprogramm laufen hat, das er sich nicht ansehen will, erschwert es Ihren Weg zum Überfluß erheblich. Setzen Sie sich gemeinsam hin, und diskutieren Sie es aus. Stellen Sie fest, ob Ihre Freunde und Familie sich Ihnen in der Suche nach gemeinsamem Überfluß anschließen möchten.

Aber auf jeden Fall sollten Sie herausfinden, wo Ihre wichtigsten Geschäftspartner in dieser Hinsicht stehen. Verstehen, glauben und wenden diese die Grundsätze ebenfalls an, daß Wohlstand zuerst im eigenen Geist entsteht? Wenn sie das tun, wunderbar! Wenn nicht, liegt es an Ihnen, Ihren Partnern dabei zu helfen, sich darauf einzustellen, sonst halten sie Sie zurück.

Wohlstand schaffen: Den Lohn einbringen

Unerledigte Geldgeschäfte bereinigen

Etwas sehr Wirksames beim Erzeugen von Überfluß ist die Bereinigung unerledigter Geldgeschäfte. Beginnen Sie mit den zwei Hauptkategorien: *Geld, das ich schulde,* und *Geld, das mir geschuldet wird.* Nehmen Sie gleich jetzt ein Blatt Papier zur Hand, und tragen Sie diese beiden Kategorien ein. Schreiben Sie alles auf, was Ihnen einfällt, und gehen Sie so weit zurück wie möglich.

Gay bekam den folgenden Brief von einer Frau, die seinen Beraterkurs besucht hatte: »Bei unserem Treffen im März habe ich mir versprochen, einige unerledigte Geldangelegenheiten zu bereinigen. Bei diesen unerledigten Geschäften ging es um verhältnismäßig geringe Beträge wie 15 Dollar, die ich jemandem schuldete, über ansehnliche Summen wie 23 000 Dollar, die jemand mir schuldete, bis zum ungelösten Problem des Eigentums an einem Haus. Innerhalb von zehn Tagen nach der Schulung zahlte ich alle geschuldeten Beträge zurück, nahm einen Anwalt, um die 23 000 Dollar einzutreiben, und flog nach Hawaii, um einen Vertrag wegen des Hauses auszuhandeln. Im April verdiente ich zum ersten Mal 15 000 Dollar als Beraterin, mehr als doppelt soviel wie in irgendeinem Monat je zuvor.«

Dabei ist es wichtig zu wissen, daß Sie Ihre unerledigten Geldgeschäfte nicht alle auf einmal zu lösen brauchen. Aber einen Anfang müssen Sie machen. Vielleicht schulden Sie 1000 Dollar, verfügen aber nur über 10. Das spielt keine

Rolle. Wichtig ist der Anfang. Schicken Sie die 10 Dollar der betreffenden Person, oder eröffnen Sie ein Konto mit dem Vorsatz, pro Tag einen Dollar der Schuld einzuzahlen. Sie werden sich wundern, wie schnell eine solche Handlungsweise durch Überfluß belohnt wird.

Dankbar führen

Zu den wirksamsten Mitteln beim Erzeugen von Überfluß gehört dankbares Führen. Gay beschreibt, wie das geht: »Mitte der achtziger Jahre fing ich an, mir meine einschränkenden Gedanken hinsichtlich meines möglichen Wohlstands anzusehen. Bald fielen mir unversehens unerledigte Geldangelegenheiten mit einigen Leuten ein. Darunter waren John und Bill, die mir beide Jahre zuvor Geld geliehen hatten. Sie waren aus meinem Leben verschwunden, und ich hatte die Schulden geflissentlich vergessen.

Wenn ich etwas von Buckminster Fuller gelernt habe, dann das, daß man innerhalb von zehn Minuten, nachdem man eine Idee hatte, danach handeln soll (er meinte bestimmt Ideen im Zusammenhang mit dem Geschäft, nicht solche über Ferraris in einer Auslage oder sexuell attraktive Menschen). Sobald mir klar wurde, weshalb John und Bill mir eingefallen waren, fing ich an, nach ihnen zu suchen. Bill hatte ich nach etwa zwei Wochen aufgestöbert und schrieb ihm, ich wolle ihm das Geld zurückzahlen. Seine Umstände hatten sich drastisch verändert – er war beinahe mittellos geworden. Er antwortete, das Geld würde ihm jetzt sehr gelegen kommen. Mit John hatte ich mehr Schwierigkeiten. Ich habe ihn bis heute nicht gefunden. Das ihm geschuldete Geld habe ich so in Umlauf gebracht, daß ich es an verschiedene Wohltätigkeitsorganisationen verteilte, mit denen er meiner Meinung nach einverstanden gewesen wäre.

Wohlstand schaffen: Den Lohn einbringen

Meine Frau Kathlyn und ich fingen an, systematisch Unerledigtes aufzudecken und zu erledigen. Beinahe jedesmal handelte es sich um etwas, das wir jemandem mitteilen sollten. So wurde Kathlyn und mir beispielsweise bewußt, daß wir einigen Familienmitgliedern nie richtig und vollständig für ihre finanzielle Hilfe während unseres Studiums gedankt hatten. Meine Mutter hatte damals ein Grundstück im Wert von 10 000 Dollar verkauft und den Erlös zwischen mir und meinem Bruder aufgeteilt. Kathlyns Eltern hatten ihr 2500 Dollar geliehen, als sie an ihrer Doktorarbeit arbeitete. Wir schrieben mehrere Dankesbriefe, in denen wir zum Ausdruck brachten, wie sehr wir das geschätzt hatten, und wurden durch eine Flut des Wohlwollens uns gegenüber reich belohnt.

Zusätzlich zu diesem Wohlwollen begannen wir über das nachzudenken, was wir heute dankbar führen nennen. Viele Menschen warten darauf, bis etwas Gutes geschieht, und dann danken sie. Vielleicht. Es ist, wie wenn ein Gärtner dem Garten sagte: Gib mir ein paar Blumen, dann will ich dich wässern. Wir haben eine bessere Möglichkeit gefunden, und zwar die, ständig Dankbarkeit zu äußern. Konzentrieren Sie sich zuerst auf die Dankbarkeit: Führen Sie mit Wertschätzung. Praktisch sah dieser Schritt für uns so aus, daß wir uns überlegten, wie wir Mitmenschen, die in unserem Leben wichtig waren, unsere Dankbarkeit beweisen konnten. Das hat mehr als jeder andere Grundsatz bewirkt, daß Wohlstand in unser Leben eingetreten ist.«

Den inneren Feinden des Überflusses begegnen

Bei unserer Beratungsarbeit haben wir mehrere Hauptthindernisse aufgedeckt, die sich sogar Menschen auf der obersten Führungsetage in Firmen stellen. Tatsächlich sieht es so aus, daß sie Ihnen um so wahrscheinlicher den Weg versperren, je erfolgreicher Sie sind. Wer sich dieser Hindernisse nicht bewußt ist, stolpert oft darüber oder sabotiert deswegen den eigenen Erfolg.

Das erste ist die Angst, wegen unbewußter Loyalitäten aus der Vergangenheit Ihren Erfolg voll auszuschöpfen. Viele unter uns sind in Familien aufgewachsen oder in Schulen gegangen, in denen Schuldgefühle zugeteilt wurden, wenn jemand besser abschnitt als andere. Wir mußten also vorgeben, weniger zu können, als es der Fall war, oder wir hatten ein schlechtes Gewissen, weil nicht alle den Preis bekommen konnten, der uns zufiel. Wenn sich im späteren Verlauf des Lebens Erfolg einstellt, freuen wir uns manchmal nicht so ganz darüber, weil wir immer noch dieses Schuldgefühl mit uns herumtragen, mehr gekonnt zu haben als andere.

Diese Angst hat noch ein anderes Gesicht: Wenn wir ganz erfolgreich sind, lassen wir jemanden auf der Strecke zurück. Diese Angst geht gewöhnlich auf unser Familienleben zurück und auf das Schuldgefühl, jemanden zu übertreffen, der es nicht so gut konnte wie wir. Vielleicht war es ein jüngerer Bruder, eine jüngere Schwester oder ein behindertes Familienmitglied. Wir müssen oft jemanden überflügeln, und das schmerzt. Später verfolgt uns dieser Schmerz noch immer, und wir akzeptieren den Überfluß nicht ganz, aus Angst, andere zurückzulassen. Gay und sein Bruder Mike waren beispielsweise die beiden ersten in der Familie, die hatten studieren können: »Wir empfanden beide Stolz, gemischt mit Schuldgefühlen. Wir wußten, daß die anderen Familienmitglieder stolz auf uns waren, aber wir hatten auch ein schlechtes Gewissen, etwas tun zu können, was ihnen nie möglich gewesen war«, erinnert sich Gay. »Wenn ich zu Hause zu Besuch war, überkam mich jeweils das Bedürfnis, ihnen zu versichern, daß ich sie immer noch liebte.

Wohlstand schaffen: Den Lohn einbringen

Manchmal zögerte ich aus lauter Angst, es würde sie traurig machen, ihnen von den anregenden kulturellen Veranstaltungen zu erzählen, an denen ich teilnehmen konnte.«
Wenn Sie sich diese Angst nicht bewußtmachen, gehen Sie mit zunehmendem Weiterkommen in Ihrer beruflichen Laufbahn ein Risiko ein. In solchen Fällen ist Selbstsabotage eine typische Folge dieser Angst. Sie machen etwa einen großen Gewinn, dann vermasseln Sie es irgendwie oder werden krank. Familienskripte sind vielsagende Lehrmeister, im Guten wie im Schlechten. Viele erfolgreiche Menschen haben klein begonnen und hart gearbeitet, um über ihr Familienskript hinauszuwachsen. Gleichzeitig haben sie oft immer noch unbewußt Angst, ihr Erfolg sei irgendwie ein Treuebruch der Familie gegenüber. Wir haben mit vielen solchen Unternehmern gearbeitet, um ihnen zu helfen, ihre unbewußten Loyalitäten Menschen in der Vergangenheit gegenüber aufzudecken und aufzugeben. Wenn die Last der Schuld weggenommen wird, stellen Erfolgreiche oft fest, daß sie die Menschen aus ihrer Vergangenheit sogar mehr lieben und schätzen.

Belastet Sie Ihr Erfolg?

Eine zweite innere Schranke ist die Angst, der eigene Überfluß könnte irgendwie eine Belastung sein. Im heutigen empfindlichen ökologischen Gleichgewicht fürchtet man allgemein, die menschlichen Erfindungen könnten die Bodenschätze der Erde erschöpfen. Eine solche Wahrnehmung hat viel für sich, und jeder muß seine Pflicht dem Planeten gegenüber in seine Firmenentscheidungen einbeziehen. Es gibt aber ein persönlicheres Problem, dem sich erfolgreiche Menschen zu stellen haben.
Als Berater haben wir es oft mit Menschen zu tun gehabt,

die mit dem Gefühl aufgewachsen sind, eine Belastung für ihre Familien zu sein. Manchmal beruhte eine solche Wahrnehmung auf Tatsachen – etwa bei Armut oder Krankheit. Wenn Sie tatsächlich irgendwie eine Bürde für Ihre Eltern waren, haben Sie dieses Gefühl wahrscheinlich verinnerlicht und in Ihr Erwachsenendasein mitgenommen. Aber öfter handelte es sich um eine eingebildete Bürde. Ob eingebildet oder wirklich, das Endresultat ist zumeist dasselbe: Der Erfolg des Erwachsenen wird durch die Sorge gedämpft, er könnte die Welt belasten. Einer unserer Klienten kam in einer wohlhabenden Familie als letzter von fünf Geschwistern zur Welt. Die beiden letzten Schwangerschaften waren nicht geplant gewesen. Beide wuchsen überwiegend aufgrund nonverbaler Signale mit einem latenten Gefühl auf, ihre Existenz sei unerwünscht. Unser Klient erkannte diesen Zusammenhang erst Ende Dreißig, als er fand, er komme nicht so schnell in seiner Laufbahn voran, wie er gerne wollte. Den Anstoß gab ihm der Rauschgiftentzug seines älteren Bruders. Als er mit seinen unbewußten Ängsten in Berührung kam, fand er heraus, daß er sich vom ersten Moment an, an den er zurückdenken konnte, als Last empfunden hatte. Als er dieses Problem beseitigt hatte, kam er in seiner Laufbahn schnell voran und machte danach auch im Familienbetrieb mit, wogegen er sich vorher stets gesträubt hatte. Eine damit verbundene Angst besagt, Überfluß bedeute, daß anderen etwas weggenommen würde. Wir meinen dann etwa: Wenn ich in vollem Überfluß lebe, muß jemand anderer deswegen Mangel leiden. Das kommt zwar sehr selten vor, aber viele leben infolge ihrer frühkindlichen Programmierung mit dieser Angst. Man hat ihnen in ihren Familien zu verstehen gegeben, ihr Dasein würde jemand anderem Liebe und Aufmerksamkeit entziehen.

Die Macht all dieser Hindernisse wird ihnen durch einfache

Bewußtwerdung entzogen. Sie festzustellen und zu sehen, welche zu Ihnen gehören, ist der befreiendste Schritt, den Sie unternehmen können.

Tun, was Sie gerne tun

Die glücklichsten ganzheitlichen Manager, denen wir begegneten, sind diejenigen, die ihrer Lieblingsbeschäftigung nachgehen. Viele stellen sich regelmäßig die Frage: Was unter meinen Lieblingsbeschäftigungen bereichert das Leben anderer?

Gay hat seine gesamte Karriere auf dieser Frage aufgebaut: »Eines Abends, als ich noch in meinen Zwanzigern war, saß ich zu Hause und dachte darüber nach, was ich eigentlich mit meinem Leben anfangen sollte. Ich hatte kurz zuvor einen Vortrag von J. Krishnamurti gehört, in dem er gesagt hatte, der einzige Zweck jeglicher Bildung liege darin, herauszufinden, was man von Herzen gerne tue. Mit diesem Gedanken vor Augen fragte ich mich, was ich am liebsten tat. Nachdem ich etwa zehn Minuten darüber nachgedacht hatte, kamen mir einige Ideen dazu. Eine davon war, daß ich sehr gerne schrieb. Worte aufs Papier zu bringen machte mir große Freude. Als zweites saß ich liebend gerne mit interessanten Leuten bei einem Gespräch über Grundfragen des Lebens. Als ich beides miteinander verband, stellte ich mir eine Laufbahn vor, in der ich über Menschen schreiben und mit ihnen über die wichtigsten psychologischen und seelischen Belange sprechen konnte, mit denen der Mensch sich auseinanderzusetzen hat. Wenn ich das tun könnte, dachte ich bei mir, würde ich meine Gaben voll nutzen und nie das Gefühl haben, zu arbeiten, um zu leben.

Als nächstes kamen einschränkende Gedanken in mir auf. Eine laute, spöttische innere Stimme sagte: Du würdest nie-

mals davon leben können! Wer würde dich schon dafür bezahlen? Zuerst nahm ich die Stimme ernst, und eine Welle der Verzweiflung überflutete mich. Dann dachte ich: Moment mal! – ich hatte die spöttische Stimme als diejenige meines älteren Bruders erkannt. Das war ganz seine Stimme und seine Einstellung. Er ist in der Heizungs-und-Sanitär-Branche tätig, und natürlich konnte er nicht viel von einer Laufbahn in angewandter Metaphysik halten. Ich entließ die negative Stimme und nahm einen tiefen Atemzug. Danach blitzte das Bild einer meiner Professoren in Stanford vor mir auf. Ich erinnerte mich, wie ich ihm gesagt hatte, ich wolle die durchschlagenden psychologischen Erkenntnisse in eine für alle anwendbare Form bringen. Er machte sich höhnisch über mich lustig: ›Sie wollen doch nicht etwa einer von diesen Populärpsychologen werden!‹ Er sagte das in einem Ton, als wolle ich die Beulenpest verbreiten.
Ich nahm noch ein paar tiefe Atemzüge und ließ dieses schmerzliche Bild fahren. Es war mir klar, daß ich etwas Bahnbrechendes innerhalb meiner Familientradition und meines klassischen psychologischen Hintergrundes unternehmen wollte. Ich konnte nicht viel Zustimmung für meine Ziele erwarten, sondern würde mir meine eigene Zustimmung selbst zurechtzimmern müssen. An Ort und Stelle traf ich eine Abmachung zwischen mir und dem Universum, daß ich tun würde, was ich wollte, nämlich von dem leben, was ich am liebsten tat. Und so kam es denn auch.«

Den Stecker auslaugender Beziehungen herausziehen

Wenn Sie nicht außerordentlich viel Glück haben, gibt es auch in Ihrem Leben gewisse Beziehungen, die Ihnen Energie abverlangen. Solche Beziehungen senken Ihren Energiepegel und Geldvorrat und kosten Sie freie Zeit. Gewöhnlich lassen

Wohlstand schaffen: Den Lohn einbringen

wir uns das aus irgendeinem Grund gefallen, sei es, daß sie zur Familie gehören oder mit Freunden zu tun haben.
Solche Beziehungen können sich radikal verändern, wenn Sie genügend Mut haben, etwas zu unternehmen. Für Beziehungen, in denen Sie keinerlei Verpflichtungen aus Verwandtschaftsgründen oder wegen verbindlicher Verträge haben, empfehlen wir etwas, was wir »gesundfeuern« nennen (siehe das entsprechende Kapitel auf Seite 72). Sie lösen Ihre energiezehrende Verbindung mit dem betreffenden Menschen, aber mit einer positiven Absicht: Sowohl Sie als auch die- oder derjenige sollen durch die gelöste Verbindung weiterkommen.
Es gibt eine praktische Daumenregel, um herauszufinden, wer gesundgefeuert werden sollte, nämlich jeder, der Sie dreimal oder öfter Zeit, Energie oder Geld gekostet hat.

> *Alles im Universum unterliegt der Veränderung, und alles geschieht genau zur rechten Zeit.*
> Ein ganzheitlicher Unternehmer

Nehmen Sie sich einen Augenblick Zeit, um sich zu überlegen, wer um Sie herum in diese Kategorie gehört. Hören Sie, wie ein ganzheitlicher Manager ein solches Gesundfeuern beschrieb: »Eines Tages hatten mein Partner und ich eine Offenbarung. Es ging uns auf, daß wir in jener Woche recht viel Zeit dafür aufgewendet hatten, eine Kommunikationsstörung wieder in Ordnung zu bringen, die einer unserer Verkäufer durch Lügen und versäumte Abmachungen verursacht hatte. Wir wandten die Daumenregel zum Gesundfeuern auf diesen Fall an: Hatten sich solche Dinge mindestens zweimal zuvor ereignet? Die Antwort war ein deutliches Ja. Daher beschlossen wir, ihn gesundzufeuern. Um uns Klarheit über unsere Absicht zu verschaffen, mußten wir uns ansehen, weshalb wir ihn so lange behalten hatten. Die Antwort darauf war erhellend. Mein Partner und ich waren beide mit Trinkervätern

aufgewachsen und daher gewohnt, ihnen – und später anderen – aus Liebe zu ihnen aus der Patsche zu helfen. Wir hatten diesen Verkäufer wie unsere Väter behandelt! Wir waren wie vor den Kopf gestoßen, als uns das aufging, weil der Verkäufer jünger war als wir.
Wir schrieben unsere Absicht auf ein Blatt Papier. Darauf stand: ›Wir lösen unsere Verbindung zu Bob so, daß wir dabei alle weiterkommen.‹ Dann riefen wir Bob herein und sagten ihm alles, was wir beschlossen hatten, einschließlich des Teils über unsere Trinkerväter. Zu unserer größten Überraschung brach Bob in Tränen aus und gestand, er habe dem Unternehmen Kleinigkeiten gestohlen, was wir nie vermutet hätten. Er erwähnte auch, wie er es haßte, jeden Tag Anzug und Krawatte anziehen zu müssen, weil er viel lieber draußen sei. Das Ergebnis war, daß er uns dankte, als er ging. Später hörten wir, er habe eine kleine Rasenpflegefirma aufgemacht. Die Quintessenz für uns war ein Gefühl, als hätte das gesamte Unternehmen einen Seufzer der Erleichterung ausgestoßen.«

DRITTER TEIL

Der disziplinierte ganzheitliche Manager

Vier zehnminütige Übungen zur Förderung der Integrität, Vision und Intuition

Es ist nützlich, den Inhalt dieses Buches aufzunehmen, aber Sie werden erst dann zum Meister, wenn Sie diese Informationen in wichtigen Situationen umsetzen. Es ist leicht, integer zu sein und Visionen sowie Intuition zu haben, wenn alles glattläuft, aber nur durch Übung können Sie unter Druck darüber verfügen.

Die folgenden Übungen sind so angelegt, daß man sie in zehn Minuten oder weniger durchführen kann. Wenn Sie mehr Zeit haben, werden Sie großen Nutzen daraus ziehen, sich länger damit zu beschäftigen.

Die Grundübung zum Zentrieren

Viele ganzheitliche Manager, die wir befragt haben, sind überzeugte Verfechter von Meditation in irgendeiner Form. Sie nennen es nicht alle so, aber eigentlich reden sie vom selben: von einer Methode, geistig leer und ruhig zu werden, um geistige Frische, Kreativität und Produktivität wiederzuerlangen. Wir waren ziemlich verblüfft, als wir feststellten, daß sich erstaunlich viele Spitzenunternehmer eine der anerkannten Meditationsformen angeeignet hatten, etwa transzendentale Meditation, Zazen oder Vipassana. Andere haben irgendeine andere Übung gefunden, die bei ihnen wirkt.

> *Meditation ist einfach Konzentration. Wir wissen alle, wie man sich im Leben auf Äußeres konzentriert. Meditation ist Konzentration auf das Innere. Dank ihrer habe ich gelernt, meine Gedanken nicht mit mir durchbrennen zu lassen. Ich glaube, daß neunzig Prozent dessen, was die meisten Menschen denken, Phantasien infolge von durchgebrannten Gedanken und nicht real sind. Wenn der Geist auf etwas ausgerichtet ist, können Sie sich auf das konzentrieren, was wirklich zählt.*
>
> ED McCRACKEN

Wir begannen schon vor zwanzig Jahren, in unseren Seminaren und Unternehmensberatungen Meditation zu lehren, zu einer Zeit, als das noch viel weniger verbreitet war als heute. Dabei war uns etwas bange zumute, weil wir befürchteten, auf Widerstand zu stoßen. Das war denn ab und zu auch der Fall, kam aber viel seltener vor, als wir dachten. Wenn die Teilnehmer einmal meditiert hatten, wurden ihnen die Vorteile sofort klar. Die folgende Grundübung zum Zentrieren hat dem Zahn der Zeit widerstanden und ist unsere eigene liebste Meditationsübung, die gleichbleibend ausgezeichnete Resultate zeitigt.

Bei dieser Übung lernen Sie, rasch ein deutlich harmonisches körperliches Wohlbefinden herbeizuführen. Als wir der Frage nachgingen, was einen aus dem Gleichgewicht bringt, stießen wir auf drei allgemeine Erfahrungstatsachen. Erstens sind die Bauchmuskeln gewöhnlich angespannt, wenn man nicht im Gleichgewicht ist. Das ist nicht weiter erstaunlich. Alle Tiere spannen ihre Bauchmuskeln an, wenn sie Angst haben, und viele haben sich wahrscheinlich schon in der Kindheit als Reaktion auf Angst daran gewöhnt. In der Atmosphäre der heutigen Geschäftswelt gibt es vieles, das Angst auslöst. Der Angst braucht man sich aber nicht zu schämen; sie kann sogar ein nützlicher Verbündeter sein. Fritz Perls, der Begründer der Gestalttherapie, prägte den Satz, Angst sei einfach »Aufregung ohne Atem«. Atmen Sie ein paarmal tief durch, riet er, und Sie spüren, wie Ihre Angst zu Aufregung wird.

Zweitens atmet man in solchen Fällen gewöhnlich nur oberflächlich im oberen Brustbereich. Das ist das Atemmuster im Kampf-oder-Flucht-Reflex, der sich seit Tausenden von Jahren im Umgang mit Bedrohungen im menschlichen Körper festgesetzt hat.

Drittens hören wir gewöhnlich von Menschen, die aus dem Gleichgewicht gefallen sind, sie seien völlig zerstreut und in ihrem Kopf gehe es zu wie in einem Bienenhaus.

Wir haben unsere Grundübung zum Zentrieren so aufgebaut, daß diese Probleme direkt angegangen werden. Sie werden feststellen, daß schon eine kurze Übung Sie geistig beruhigt und körperlich entspannt.

Wenden Sie sie für sich an, wenn Sie sich ruhig und wohl fühlen möchten. Wenden Sie sie außerdem vor jeder der drei folgenden Übungen in diesem Kapitel an.

Anleitung

Die Grundübung zum Zentrieren

Setzen Sie sich bequem hin. Treffen Sie die nötigen Vorkehrungen, um in den nächsten zehn Minuten nicht gestört zu werden. Sie können die Übung mit offenen oder geschlossenen Augen durchführen. Probieren Sie es auf beide Arten, um herauszufinden, bei welcher Sie ruhiger werden.

Erstens
Spannen Sie die Bauchmuskeln – besonders die Muskeln um den Nabel – an, während Sie langsam durch die Nase ausatmen. Spannen Sie sie so lange an, bis alle Luft aus Ihrem Körper ausgestoßen ist, und entspannen Sie sie beim Einatmen ganz. Atmen Sie so tief in den Bauch hinunter wie möglich. Danach atmen Sie wieder langsam aus und spannen wiederum die Muskeln um den Bauchnabel an. Wenn die gesamte Luft aus Ihrem Körper ausgestoßen ist, entspannen Sie Ihre Bauchmuskeln beim Einatmen vollständig. Wiederholen Sie das mehrmals, wobei Sie die Bauchmuskeln beim Ausatmen an- und beim Einatmen entspannen. Ruhen Sie sich nach mehreren Wiederholungen aus, und wenden Sie Ihre Aufmerksamkeit einige Augenblicke vom Atmen ab.

Zweitens
Holen Sie Ihre Aufmerksamkeit jetzt wieder zum Atmen zurück. Atmen Sie langsam und tief, wobei die Bauchmuskeln ganz entspannt bleiben. Zählen Sie beim Ein- und Ausatmen still mit: Ein, zwei, drei, vier – aus, zwei, drei, vier. Jede Zahl sollte etwa eine Sekunde dauern. Jede Einatmung dauert etwa vier Sekunden, und jede Ausatmung dauert ebensolang. Atmen Sie mehrmals nach dieser Viererzählung ein und aus. Wenn Sie für längere Atemzüge bereit sind, gehen Sie zu einem Fünferrhythmus über: Ein, zwei, drei,

vier, fünf – aus, zwei, drei, vier, fünf. Atmen Sie mehrmals nach dieser Fünferzählung. Achten Sie darauf, daß es Ihnen dabei nicht unbehaglich wird und daß Sie leicht und ruhig atmen.

Wenn Sie schließlich ganz leicht bis fünf zählen können, dehnen Sie die Atemzüge auf sechs, sieben oder acht aus. Achten Sie stets darauf, daß Sie sich dabei wohl fühlen. Je leichter Sie atmen, desto zentrierter fühlen Sie sich.

Drittens

Wenn Sie wieder zentriert sind, hören Sie auf zu zählen und sich auf Ihren Atem zu konzentrieren. Entspannen Sie sich ein oder zwei Minuten lang, und lassen Sie Geist und Körper das ruhige Gefühl des Ausgeglichen- und Wohlseins genießen.

Das Integritäts-Arbeitsblatt

Das Integritäts-Arbeitsblatt faßt alle wesentlichen Einsichten über die Integrität in einer konzentrierten und leicht anwendbaren Form zusammen. Sie können das Integritäts-Arbeitsblatt auf jedes kleine oder große Problem anwenden. Ursprünglich wurde es entwickelt, um festgefahrene Situationen in Firmen wieder flottzumachen, und damit hatten wir auch viele Hunderte von Malen Erfolg. Wir hoffen jedoch, daß Sie es anwenden, bevor sich alles festgekeilt hat.

Wenn Sie es vorbeugend anwenden, statt zu warten, bis die Krise eingetroffen ist, können Sie eine Situation, deren Auflösung sonst Monate gedauert hätte, in zehn Minuten glätten. Das erfordert die folgenden Schritte:

- Anschauen
- Akzeptieren
- Entscheiden
- Handeln

Den meisten hilft es, die eigenen Reaktionen aufzuschreiben, aber man kann sie sich auch geistig vor Augen führen.

Der diszipli-nierte ganz-heitliche Manager: Vier zehn-minütige Übungen zur Förderung der Integrität, Vision und Intuition

Anleitung

Erstens: Anschauen

Der erste Schritt besteht darin, die Situation so zu sehen, wie sie ist. Vor 2500 Jahren sagte Buddha: »Alles Unglück der Menschen rührt daher, daß sie der Realität nicht direkt und unverblümt ins Auge sehen.« Dieser weise Satz ist auch heute noch von zentraler Bedeutung.

Die Fragen lauten: Wie sieht die Situation eigentlich aus? Wie möchte ich sie haben? Bin ich oder sind andere dabei irgendwie nicht integer?

Eigentlich sieht die Lage – so, wie sie jetzt ist – folgendermaßen aus:

____

____

____

Mein Ziel – wie ich die Dinge gerne hätte – ist folgendes:

____

____

____

Habe ich im Verlauf der Ereignisse, die zu dieser Situation geführt haben, irgend etwas Unwahres gesagt?

Mir: __________________________________

Anderen: ______________________________

Habe ich im Verlauf dieser Angelegenheit irgendwelche Abmachungen nicht eingehalten?

Mir gegenüber: __________________________

Anderen gegenüber: ______________________

Wenn sich Unwahrheiten oder versäumte Abmachungen gezeigt haben, unternehme ich die folgenden Schritte zu ihrer Behebung:

____

____

Bis wann? ______________________________________

Zweitens: Akzeptieren

Wenn Sie sich die Angelegenheit direkt angeschaut haben, sind Sie bereit, den nächsten Schritt zu tun und sie anzunehmen. Wenn Sie eine Situation voll und ganz akzeptieren, und zwar genau so, wie sie ist, öffnen Sie Veränderungen die Tür.
Dazu stellen sich folgende Fragen: Was habe ich in bezug auf diese Situation nicht genau so akzeptiert, wie es ist?

____

____

- Hat es etwas mit mir zu tun?
- Hat es mit jemand anderem zu tun?
- Ist es etwas Vergangenes?
- Ist es etwas, das gerade jetzt geschieht?

Nehmen Sie sich nun einen Augenblick Zeit, um die Dinge jetzt und genau so, wie sie sind, zu akzeptieren.

Drittens: Entscheiden

Wenn Sie die Situation angeschaut und voll und ganz akzeptiert haben, sind Sie imstande, zu entscheiden, wie Sie die Dinge haben möchten.
Die Frage dazu lautet: Was möchte ich in dieser Lage am liebsten?

____

____

Viertens: Handeln

Wenn Sie angeschaut, akzeptiert und entschieden haben, brauchen Sie sich als nächsten Schritt nur noch die entsprechende Handlungsweise zu überlegen.

Die Frage dazu lautet: Mit welcher Handlungsweise erreiche ich am besten, was ich in dieser Lage am liebsten möchte?

____

____

____

Ich verpflichte mich, das bis zum ____________________ zu tun.

Zukunftsvision

Bei unseren Workshops hat sich diese Übung als eine der wirksamsten herausgestellt, um den schlummernden Visionär in allen Teilnehmern zu wecken. Zukunftsvision bezweckt, daß man sich in einer vorgestellten Zukunft wohl fühlt. Dabei spielt es keine Rolle, ob Ihre Zukunftsvisionen genau oder machbar sind. Sie bezwecken einzig und allein, sich mit der Zukunft vertraut zu machen und die geistige Flexibilität zur »Loslösung« von zeitlichen Begrenzungen zu fördern. Mit der Zukunftsvision erwerben Sie diese Gabe, weil Sie sich dabei in einer vorgestellten Zukunft ansiedeln und so handeln lernen, als sei diese Zukunft bereits da.
Diese Übung läßt sich am besten in der Gruppe durchführen. Drei ist die ideale Zusammensetzung, damit einer die Zukunftsvision üben, einer den Prozeß leiten und einer aufschreiben kann. In unseren Workshops nehmen die Teilnehmer diese Rollen abwechselnd ein, damit alle Gelegenheit zur Zukunftsvision bekommen. Der Leiter liest dem Zukunftsvisionär die Anleitungen vor und stellt die Fragen. Der Mitschreiber hat die Aufgabe, alles festzuhalten, damit es später in der Gesamtrunde besprochen werden kann. Er hat eine wichtige Aufgabe, weil die meisten die Hälfte von dem vergessen, was sie gesagt haben, wenn sie sich wirklich auf die Übung einlassen.
Sie können sie auch alleine durchführen, aber es ist schwieriger, sich ganz auf sie einzulassen. Die folgende Anleitung ist für Dreiergruppen gedacht.

Der diszipli-nierte ganz-heitliche Manager: Vier zehn-minütige Übungen zur Förderung der Integrität, Vision und Intuition

Anleitung

Verteilen Sie die Rollen des Zukunftsvisionärs, Prozeßleiters und Mitschreibenden. Der Prozeßleiter liest die Anleitungen vor.

Erstens

Der Leiter sagt: Nehmen Sie sich ein Ziel, ein Thema oder ein Problem vor, das Ihnen am Herzen liegt. Ein Ziel könnte etwa die erfolgreiche Einführung eines neuen Produktes auf dem Markt sein, und ein Problem könnte beispielsweise darin bestehen, was Sie mit einem schlechten Mitarbeiter machen sollen. Wählen Sie sich etwas aus, und schreiben Sie es auf ein Blatt Papier.

Zweitens

Der Leiter sagt: Suchen Sie sich einen Ort in diesem Raum aus, der für Sie die Zukunft darstellt. Machen Sie es sich dort im Stehen oder Sitzen bequem. Versuchen Sie die ganze Zeit und so gut wie möglich, in der vorgestellten Zukunft zu bleiben. Schließen Sie die Augen, und stellen Sie sich vor, daß Sie tatsächlich in der Zukunft sind, in der das Ziel erreicht oder das Problem erfolgreich gelöst ist. Empfinden Sie körperlich, wie sich ein vollkommener, uneingeschränkter Erfolg anfühlt.

Ich stelle Ihnen jetzt ein paar Fragen. Versuchen Sie, sie möglichst aus der Zukunft zu beantworten, als sei das Ziel schon erreicht und das Problem gelöst. Der Mitschreiber hält dabei Ihre Antworten fest.

- Weswegen ist es ein totaler Erfolg geworden?
- Welche positive Wirkung übt dieser Erfolg auf andere aus?
- Was ist das Wichtigste, das Sie über sich gelernt haben und das zu Ihrem Erfolg beigetragen hat?

- Was ist das Wichtigste, das es anderen ermöglicht hat, zum Erfolg beizutragen?
- Welche Kurskorrekturen waren nötig, um Klippen zu umschiffen, die Sie und andere früher möglicherweise vom Kurs abgebracht hätten?
- Wenn Sie sich auf nur eins beschränken müßten, was haben Sie und/oder Ihr Team getan, das zu diesem erfolgreichen Ergebnis geführt hat?
- Wenn Sie uns hier und heute (nennen Sie das heutige Datum) einen Rat geben wollten, wie würde er lauten?

Zukunftsvision

Drittens
Nehmen Sie sich einen Augenblick Zeit zum Entspannen, und kehren Sie dann wieder in die Gegenwart zurück; wir wollen jetzt besprechen, was Sie erlebt haben.
(Der Mitschreiber liest aus den Notizen die jeweiligen Antworten des Zukunftsvisionärs vor. Nach der Besprechung werden die Rollen für die nächste Runde gewechselt.)

Die Intuitionsübung

Diese Übung ist nach Erfahrung der Autoren die zuverlässigste, um die Intuition in Gang zu setzen. Die Methode ist wie Säen: Sie säen innerlich eine Frage und kümmern sich nicht mehr darum, bis Sie eine Antwort darauf bekommen. Manchmal erscheint Sie Ihnen als Bild, manchmal tauchen Worte oder Vorstellungen auf. Manchmal ergibt sich im Augenblick nichts. Haben Sie aber Geduld – in einem Traum in der Nacht oder am nächsten Morgen unter der Dusche zeigt sich vielleicht etwas Nützliches.

Anleitung

Erstens

Nehmen Sie sich ein Ziel, Problem oder Thema vor. Formulieren Sie es als Frage, etwa: »Wie könnte ich das Konto für allgemeine Ausgaben am besten einsetzen?« Notieren Sie Ihre Frage auf ein Blatt Papier. Machen Sie es sich, wie in der Zentrierübung beschrieben, bequem, und treffen Sie die nötigen Vorkehrungen, um die nächsten 10 bis 15 Minuten nicht gestört zu werden. Es läßt sich leichter mit geschlossenen Augen üben, aber Sie können gerne ausprobieren, auf welche Art es Ihnen am besten gelingt.

Zweitens

Wenn sich Ihre Gedanken beruhigt haben, lassen Sie die Frage vor Ihrem geistigen Auge aufsteigen und dann weiterziehen. Lassen Sie jede Erwartung fallen, und stellen Sie sich auf Empfang ein. Nehmen Sie wahr, ob und welche Bilder oder Gedanken in Ihnen auftauchen. Nehmen Sie sie urteilslos zur Kenntnis; Sie können sie später ordnen.

Die Intuitionsübung

Erfreuen Sie sich an der Arbeitsweise Ihres Geistes. Vielleicht möchten Sie gerne nach dem Freiraum zwischen und hinter den Gedanken Ausschau halten. Wenn Sie das eine Weile lang getan haben, scheint sich dieser Raum tatsächlich auszudehnen. Entspannen Sie sich in diesen Raum hinein. Nehmen Sie ihn an.

Drittens

Wenn Sie an einen Punkt gelangt sind, an dem Sie gut aufhören können, öffnen Sie die Augen und schreiben auf, was in Ihnen aufgetaucht ist. Lassen Sie nun den deutenden Teil Ihres Geistes zum Zuge kommen, und wenden Sie ihn auf etwaige Bilder und Gedanken an. Halten Sie nach Mustern und Metaphern Ausschau. Wenn nichts hochgekommen ist, das Ihnen nützlich erscheint, lassen Sie es im Moment gut sein und bleiben möglichen späteren Eingebungen gegenüber aufgeschlossen.

Das letzte Wort

»Können Sie uns ein letztes weises Wort mitgeben?« fragte der Schüler.
Der ganzheitliche Manager dachte einen Augenblick nach. »Sie können ungefähr mit jeder Schwierigkeit umgehen, wenn Sie sich an zwei Sätze erinnern.«
»Und die wären?«
»Erstens: Was ist, ist. Zweitens: Was nicht ist, ist nicht.«
Der ganzheitliche Manager fuhr fort: »Viele Menschen vergeuden ihre Zeit, weil sie sich auf etwas konzentrieren, was es nicht gibt – sie halten sich mit Dingen auf, die nicht real sind. Wenn etwas real ist und tatsächlich existiert – egal, ob es sich um ein Gefühl wie Ärger oder eine Tatsache wie schlechte Verkaufszahlen handelt –, dann ist das Bedauern darüber Zeitverschwendung. Akzeptieren Sie die Gegebenheiten, und beschließen Sie, ob Sie Energie in einen Änderungsversuch stecken wollen. Wenn Sie sich dazu entschieden haben, verwenden Sie alle Energie auf die nötigen Schritte. Das ist alles, was Sie eigentlich brauchen, um im Beruf und im Leben Erfolg zu haben.«

Ich bin einer, der neben dir geht.
Wir werden beide sterben.
Wir haben ein gemeinsames Schicksal. Wir stecken gemeinsam drin.

BOB SHAPIRO
Vorsitzender und CEO von Monsanto

Jeder hat den besten Platz.

JOHN CAGE

Die sieben radikalen Regeln für den geschäftlichen Erfolg

Hier sind sie, die wichtigsten Grundregeln für den geschäftlichen Erfolg, aus über tausend Stunden erhellender Befragungen und Gespräche mit höchst erfolgreichen Unternehmensführern herauskristallisiert. Sie sind aus zwei Gründen radikal: Erstens bewirken sie eine revolutionäre Veränderung Ihrer gesellschaftlichen und beruflichen Beziehungen, und zweitens packen sie das Übel an der Wurzel (*radix* heißt »Wurzel«), an dem die meisten Unternehmen kranken.

Erste Regel
Sagen Sie immer die Wahrheit. Sagen Sie besonders in persönlicher Hinsicht und was Ihre Gefühle betrifft, die Wahrheit. Decken Sie alles auf, was in Ihrem Geschäft möglich ist. Bringen Sie allen bei, wie man Tabellenkalkulationen liest, veröffentlichen Sie alle Gehälter, und halten Sie nie etwas zurück, was nicht unbedingt geheim bleiben muß.

Zweite Regel
Übernehmen Sie immer die hundertprozentige Verantwortung für alles, was Sie übernehmen. In einer Führungsposition übernehmen Sie 100 und nicht 200 Prozent Verantwortung für alles. Verlangen Sie von allen anderen, daß sie 100 Prozent übernehmen. Gleichheit ist nur möglich, wenn man sich auf der 100-Prozent-Ebene trifft.

Dritte Regel
Halten Sie sich strikt an alle Abmachungen, die Sie treffen und die andere mit Ihnen treffen. Tun Sie alles, wozu Sie sich verpflichtet, und nichts, was Sie abgelehnt haben. Verlangen Sie Vorbildlichkeit von anderen. Wenn Sie sich oder andere bei einer nicht eingehaltenen Abmachung erwischen, machen Sie unverzüglich reinen Tisch.

Vierte Regel
Klatschen Sie nie, und mischen Sie sich nie in Gespräche anderer ein. Geben Sie bekannt, daß Sie sich gegen Klatsch verpflichtet haben und nicht beabsichtigen, sich in Konflikte und verfahrene Diskussionen einzumischen.

Fünfte Regel
Nehmen Sie sich täglich kreative Denkzeit, und lassen Sie sich durch nichts davon abhalten. Es spielt keine Rolle, ob es fünf Minuten sind oder eine Stunde. Es geht um Ihre Absicht, Ihre innere Verbindung zu erneuern und sich Ihrer Kreativität voll und ganz aufzuschließen. Finden Sie heraus, wie Sie das am liebsten tun: mit Meditieren, tiefem Atmen, Stillsitzen oder Herumkritzeln. Wenn Sie einen Tag auslassen, nehmen Sie sich am nächsten doppelt soviel Zeit dazu.

Sechste Regel
Stellen Sie eine Liste aller zu erledigenden Dinge auf, und ergänzen Sie sie tagsüber laufend. Nehmen Sie sich das, was Ihnen am meisten Bauchschmerzen bereitet, als erstes vor, und erledigen Sie es gleich.

Siebte Regel

Gehen Sie den Dingen auf den Grund. Wenn Sie irgend etwas hören, was Ihnen Unbehagen bereitet, reden Sie mit allen Beteiligten darüber, und hören Sie ihnen aufmerksam zu. Gewähren Sie Ihren Leuten jene zehn Minuten klarer Kommunikationsmöglichkeit, in denen sich die meisten Probleme lösen lassen. Hören Sie so unvoreingenommen wie möglich zu.